말씀따라 풀어보는

성경 퀴즈

[신약편]

이 예언의 말씀을 읽는 자와 듣는 자와
그 가운데에 기록한 것을 지키는 자는 복
이 있나니 때가 가까움이라(계 1:3)

말씀따라 풀어보는 성경 퀴즈(신약편)

초판 2쇄 인 쇄 · 2019년 4월 2일
발 행 · 2019년 4월 5일

엮은이 · 한치호목사
발행인 · 민태근
발행처 · 도서출판 일오삼
주 소 · 서울특별시 중랑구 동일로 107길 12
전 화 · (02)964-6993 / Fax (02) 2208-0153
등 록 · 제 5-485호
홈 피 · http://www.153books.co.kr

ISBN 978-89-89236-40-5

말씀따라 풀어보는 신약편

성경퀴즈

한치호 목사 엮음

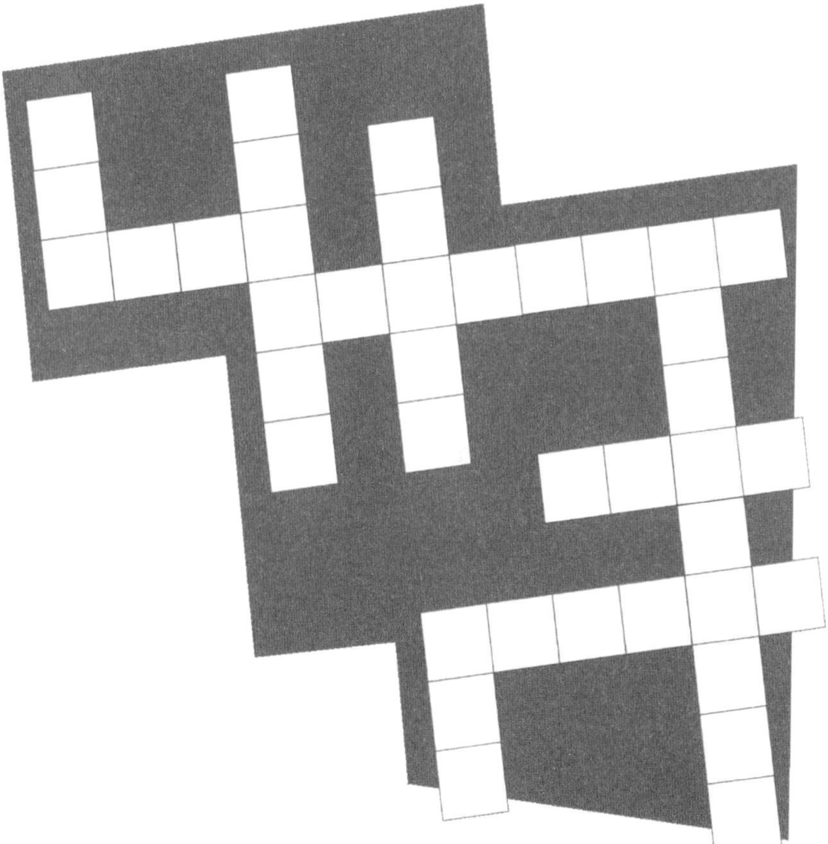

일오삼출판사

목 차

머리말

알아맞히기를 퀴즈(quiz)라 한다. 질문을 던지고, 그 질문에 답을 찾아내어 대답하는 것이다. 여기에는 당연히 머리를 쓰는 것과 시간이라는 즐거움이 들어있다. 만일, 여럿이 퀴즈에 참여했다면 누구보다도 빨리 그리고 정확한 답을 꺼내는 게임이다.

교수법에서의 퀴즈는 학생들에게 가르치기 위한 '교사의 구두질문' 정도로 이해되고 있다. 생각하는 머리의 활동이 바로 퀴즈이다. 퀴즈는 자기의 지식을 질문의 힌트에 의해 스피드하게 해답을 강요당하는 것이므로 기억을 되도록 빨리 상기하는 즐거움을 누리도록 한다.

'성경퀴즈'는 사실 성경을 게임에 적용시켜 하나님의 말씀을 가까이 하려는 데 의미가 있다. 요한은 천사로부터 계시를 받을 때, "이 예언의 말씀을 읽는 사람과 듣는 사람들과 그 안에 기록되어 있는 것을 지키는 사람들은 복이 있다."는 말씀을 들었다.

성경은 하나님께서 그의 자녀들에게 주신 복이다. 하나님의 말씀을 읽고, 들으며, 지킬 수 있는 기회가 된다면, 이 기대에 흡족한 것이 바로 성경 퀴즈라 여긴다. 그리고 여기에 수록된 많은 문제들은 은혜와 진리가 충만한 퀴즈의 시간으로 우리를 데려다 줄 것이다. 함께 성경의 게임을 즐기도록 하자. 이 책에서 문제를 풀어가는 어휘나 문장은 중학교 2학년 교과서에 나오는 정도를 참고로 하였음을 밝혀둔다.

2016년 8월, 한치호 목사

※ 사지선다형 문제의 정답은 고딕체로 표기함

마태복음

1. 예수 그리스도를 누구의 자손이라 하였나요?(1:1)

①노아-아브라함 ②아브라함-야곱

③**아브라함-다윗** ④다윗-솔로몬

2. 솔로몬을 낳은 여인은 누구였나요?(1:6)

①룻 ②라합 ③아비가일 ④**우리야의 아내**

3. 이스라엘 백성은 누구 때에 바벨론으로 사로잡혀 갔나요?(1:11)

①히스기야 ②여고냐 ③아하스 ④**요시야**

4. 아브라함 때부터 그리스도까지 모두 몇 대라 하였나요?(1:17)

①**42대** ②40대 ③14대 ④72대

5. 마리아의 남편으로 의로운 자라 칭함을 받은 사람은 누구인가요?(1:19)

①사가랴 ②나다나엘 ③ 요한 ④ **요셉**

6. 자기 백성을 그들의 죄에서 구원할 자는 누구인가요?(1:21)

①아브라함 ②모세 ③**예수** ④요셉

7. 장차 처녀가 낳게 될 아기의 이름을 무엇이라 하였나요?(1:23)

①**임마누엘** ②하나님의 아들

③여호와이레 ④그리스도

8. 예수님께서 나셨을 때, 어느 왕이 유다를 다스렸나요?(2:1)

①빌라도 ②바로 ③아그립바 ④**헤롯**

9. 동방에서 온 박사들은 누구를 찾으러 왔다고 하였나요?(2:2)

①**유대인의 왕** ②아기 ③헤롯 왕 ④새로 나신 왕

10. 예수님께서 태어나신 곳은 어디였나요?(2:8)

①애굽 ②나사렛 ③**베들레헴** ④예루살렘

11. 박사들이 드린 예물은 황금, 몰약 그리고 무엇이었나요?(2:11)

①진주 ②**유향** ③박하 ④기름

12. 예수님은 헤롯을 피해 어디로 피난을 떠났나요?(2:13)

①블레셋 ②예루살렘 ③나사렛 ④**애굽**

13. 박사들에게 속은 헤롯은 몇 살 아래의 아이를 죽였나요?(2:16)

①한 살 ②**두 살** ③세 살 ④네 살

14. 어디에서 슬퍼하며 통곡하는 소리가 들린다고 했나요?(2:17-18)

①빈들　②나사렛　③유대　④**라마**

15. 사람들은 예수님을 어느 동네사람이라고 말하였나요?(2:23)

①사마리아　②갈릴리　③**나사렛**　④예루살렘

16. 광야에 외치는 자의 소리는 누구를 가리킨 것이었나요?(3:1)

①예수님　②**세례 요한**　③야고보　④베드로

17. 메뚜기와 석청을 음식으로 먹은 사람은 누구였나요?(3:4)

①예수님　②**세례 요한**　③야고보　④마태

18. 사람들은 요한에게 세례를 받기 전에 무엇을 하였나요?(3:6)

①**죄를 자복**　②몸을 깨끗이 함　③손을 씻음　④헌금을 드림

19. 요한이 물로 세례를 베푸는 목적은 무엇인가요?(3:11)

①천국 백성이 됨　②복을 받음

③기적을 받음　④**회개하게 됨**

20. 성령과 불로 세례를 주시는 분은 누구라고 하였나요?(3:11)

①선지자　②**예수님**　③제사장　④모세

21. 예수님께서는 무엇을 이루기 위해서 세례를 받으셨나요?(3:15)

①사랑 ②구약의 진리 ③구약의 예언 ④**의**

22. 예수님께서 세례를 받으실 때 성령이 어떻게 내려왔나요?(3:16)

①새처럼 ②어린양처럼 ③**비둘기처럼** ④불이 쏟아지듯이

23. 예수님의 세례 시에, 하늘에서 어떤 음성이 들려왔나요?(3:17)

①은혜로운 자 ②**기뻐하는 자**

③자랑스러운 자 ④수고로운 자

24. 예수님이 마귀에게 시험을 받으실 때, 누가 이끌었나요?(4:1)

①제사장 ②**성령** ③헤롯 임금 ④예수님

25. 사십 일을 밤낮으로 금식을 한 사람은 누구였나요?(4:2)

①사탄 ②마귀 ③**예수님** ④세례 요한

26. 사람이 떡으로만 살지 말고 무엇으로 살라고 하셨나요?(4:4)

①**말씀** ②찬양 ③은혜 ④능력

27. 마귀가 예수를 떠나자, 누가 와서 수종을 들었나요?(4:11)

①아이들 ②여자들 ③제자들 ④**천사들**

28. 요한이 잡히자, 예수님께서는 어디로 옮겨가서 사셨나요?(4:13)

①스불론 ②납달리 ③**가버나움** ④여리고

29. 갈릴리 해변에서 예수님을 따른 형제는 누구였나요?(4:18)

①**시몬-안드레** ②시몬-요한 ③요한-야고보 ④시몬-야고보

30. 예수를 따르기 위하여 야고보와 요한은 어떻게 하였나요?(4:22)

①**배와 아버지를 떠남** ②집을 떠남

③친구를 떠남 ④그물을 버림

31. 예수님께서 갈릴리를 다니시며 어디에서 가르치셨나요?(4:23)

①들판 ②성전 ③교회 ④**회당**

32. 심령이 가난한 사람에게 약속된 복은 무엇인가요?(5:2)

①**천국을 받음** ②흰옷을 받음 ③부자가 됨 ④성령충만해짐

33. 마음이 청결한 사람에게 약속된 복은 무엇인가요?(5:8)

①하나님의 위로 ②사랑 ③**하나님을 봄** ④성령을 받음

34. 맛을 잃으면 무엇이 밖에 버려져서 사람에게 밟히게 되나요?(5:13)

① 무화과 ② 어두운 빛 ③ **맛을 잃은 소금** ④ 가려진 빛

35. 너희의 무엇을 보고, 하나님께 영광을 돌리게 하라고 하셨나요?(5:16)

①**착한 행실** ②돈이 많아짐 ③능력을 행함 ④높아진 위치

36. 누가 율법을 폐하지 않고, 완성하러 왔다고 하였나요?(5:17)

①성령 ②세례 요한 ③**예수님** ④선지자

37. 예물을 제단 앞에 두고, 먼저 형제와 화목해야 할 것은?(5:23)

①싸웠을 때 ②원수 맺은 일

③**원망들을 만할 때** ④돈을 빼앗음

38. 원수를 사랑하고, 박해하는 자를 위하여 해야 할 것은?(5:44)

①사랑 ②용서 ③**기도** ④감사

39. 하나님의 온전하심과 같이 어떻게 하라 하셨나요?(5:48)

①사랑하라 ②용서하라 ③거룩하라 ④**온전하라**

40. 사람에게 보이려 하지 않도록 주의할 것은 무엇인가요?(6:1)

①존경 ②칭찬 ③**의** ④기도

41. 남을 도와주는 구제를 할 때는 어떻게 하라 하였나요?(6:4)

①소문이 나게 ②잘 알려지게 ③**은밀하게** ④적당히

42. 기도할 때, 무엇에서 구원을 받기를 빌어야 하나요?(6:13)

①세상 ②마귀 ③**악** ④지옥

43. 슬픈 기색을 보이지 말아야 할 때는 언제인가요?(6:16)

①구제할 때 ②**금식할 때** ③기도할 때 ④찬송할 때

44. 좀과 동록과 도둑이 구멍을 뚫는 곳은 어디인가요?(6:19)

①**땅** ②하늘 ③성전 ④창고

45. 보물이 있는 곳에 무엇도 있다고 하였나요?(6:21)

①좀 ②**마음** ③도둑 ④몸살

46. 사람이 무엇과 무엇을 겸하여 섬기지 못한다고 하였나요?(6:24)

①하나님과 마귀 ②명예와 의

③**하나님과 재물** ④나라와 의

47. 성도가 기도할 때, 먼저 구할 것은 무엇인가요?(6:33)

①**그의 나라와 그의 의** ②일용할 양식 ③기쁨과 감사

48. 사람이 자기의 눈 속에 있는 무엇을 깨닫지 못하나요?(7:3)

①티 ②눈꼽 ③흠 ④**들보**

49. 우리는 거룩한 것을 무엇에게 주지 말아야 하나요?(7:6)

①돼지 ②고양이 ③**개** ④닭

50. 아들이 무엇을 달라할 때, 뱀을 줄 자가 없다고 했나요?(7:9-10)

①고기 ②양 ③**생선** ④막대기

51. 대접을 받고자 하는 대로 남을 대접하는 것은 무엇인가요?(7:12)

①율법-사랑 ②은혜-선지자

③율법-은혜 ④**율법-선지자**

52. 생명으로 인도하는 문은 어떠하다고 하였나요?(7:13)

①**좁은 문** ②큰 문 ③넓은 문 ④좋아하는 문

53. 거짓 선지자들의 속을 비유한 것은 무엇이었나요?(7:15)

①사자 ②암소 ③여우 ④**양**

54. 말씀을 듣고 행하는 자는 어디에 집을 지은 자인가요?(7:24)

①**반석** ②진흙 ③모래 ④맨땅

55. 예수님의 가르치심은 누구와 같지 않다고 하였나요?(7:29)

①제사장 ②공회원 ③**서기관** ④박사들

56. 예수님께서 나병환자를 고쳐주실 때, 무어라 하셨나요?(8:3)

①**깨끗함을 받으라** ②네게서 나가라

③물러가라 ④더러운 귀신아

57. 자기 하인의 중풍병을 고쳐달라고 한 사람은 누구인가요?(8:5-6)

①한 부자 ②**백부장** ③제사장 ④공회의원

58. 백부장은 예수님께서 어떻게 해주시기를 요청하였나요?(8:8)

①귀신을 쫓아냄 ②안수해주심

③**말씀으로만** ④손을 대어주심

59. 열병을 앓다가 예수님께 고침을 받은 여인은 누구였나요?(8:14)

①베드로의 어머니 ②마르다

③베드로의 누이 ④**베드로의 장모**

60. 우리의 연약한 것을 친히 담당하신 분은 누구이신가요?(8:17)

①부모 ②제사장 ③**예수님** ④선지자

61. 바다에 큰 풍랑이 일자, 제자들이 예수님을 깨운 이유는?(8:26)

①무서워서 ②**믿음이 적어서**

③바다에 빠질까봐 ④살고 싶어서

62. 예수님께서 만난 귀신들린 사람 둘은 어디에 있었나요?(8:28)

①**무덤 사이** ②마을 어귀 ③귀신의 소굴 ④바위 언덕

63. 예수님은 두 사람에게 있던 귀신들을 어디로 보내셨나요?(8:31)

①강물 ②**돼지떼** ③바다 ④소들

64. '네 죄 사함을 받았느니라'는 말씀으로 나은 사람은?(9:2)

①**중풍병자** ②나병환자 ③맹인 ④말 못하는 자

65. 예수님을 향해서 신성모독을 하였다고 생각한 사람들은?(9:3)

①제사장 ②사두개인 ③**서기관** ④바리새인

66. 예수님께서는 누구를 부르러 오셨다고 하셨나요?(9:13)

①유대 백성 ②의인 ③**죄인** ④병든 자

67. 혈루증으로 고생하던 여인은 무엇으로 인하여 구원 받았나요?(9:22)

①**믿음으로** ②소원으로 ③용기로 ④희망으로

68. 예수님은 이미 죽은 소녀에게 어떻게 해 주셨나요?(9:25)

①**손을 잡으심** ②슬퍼하심

③일어나라고 소리치심 ④기도하심

69. 예수님이 '너희 믿음대로 되라' 하신 두 사람은 누구였나요(9:29)

①어부 ②**맹인** ③하인 ④앉은뱅이

70. 말을 못하게 된 사람은 어떻게 되어서 말을 못하였나요?(9:32)

①태어날 때부터 ②**귀신이 들려서**

③병이 들어서 ④입을 다쳐서

71. 예수님께서는 무엇이 많은데, 일꾼이 적다고 하셨나요?(9:37)

①병든 자들 ②씨를 뿌리는 것 ③어른들 ④**추수할 것**

72. 예수님께서 부르신 12 사도가 아닌 사람은 누구인가요?(10:2-4)

①시몬 ②안드레 ③**바나바** ④빌립

73. 예수님이 제자들에게 갖지 말라 하신 것이 아닌 것은?(10:9-10)

①두 벌 옷 ②금 ③**하나님의 말씀** ④배낭

74. 전도하러 남의 집에 들어갔을 때, 무엇을 빌라 하셨나요?(10:12)

①소원 ②**평안** ③귀신을 내어쫓음 ④권세가 있음

75. 제자들을 보냄이 양을 어디로 보냄과 같다고 하셨나요?(10:16)

①예루살렘 ②**이리** ③광야 ④온 유대

76. 전도자의 속에서 말씀하시는 것은 하나님의 무엇인가요?(10:20)

①능력 ②말씀 ③**성령** ④은사

77. 무엇을 죽이지 못하는 자들을 두려워하지 말라고 했나요?(10:28)

①혼 ②**영혼** ③영 ④마음

78. 예수님은 사람에게 화평이 아니라 무엇을 주러 오셨나요?(10:34)

①화 ②죄를 태우는 불 ③**검** ④사랑

79. 작은 자에게 무엇을 줄때, 결단코 상을 잃지 않을까요?(10:42)

①**냉수** ②팥죽 ③신발 ④떡

80. 여자가 낳은 사람 중에 누구보다 큰 이가 없나요?(11:11)

①예수님 ②**세례 요한** ③다윗 ④베드로

81. 세례 요한의 때부터 천국이 무엇을 당한다고 하였나요?(11:12)

①시기 ②마귀의 훼방

③거짓 예언자의 공격 ④**침노**

82. 모든 선지자와 율법이 예언한 것은 누구의 때까지인가요? (11:13)

①사무엘 ②엘리사 ③**요한** ④말라기

83. 행한 일로 인해서 옳다함을 얻게 되는 것은 무엇인가요?(11:19)

①**지혜** ②사랑 ③수고 ④믿음

84. 예수님께서는 기적을 많이 베푼 고을을 왜 나무라셨나요?(11:20)

①감사하지 않아 ②**회개하지 않아**

③기도하지 않아 ④불순종해서

85. 음부에까지 낮아지리라고 예수님께서 책망하신 도시는?(11:23)

①소돔 ②고모라 ③고라신 ④**가버나움**

86. 누구의 마음이 겸손하고 온유하다고 하였나요?(11:29)

①세례 요한 ②**예수님** ③백부장 ④거지 나사로

87. 예수님께서는 무엇이 쉽고, 짐은 가볍다고 하셨나요?(11:30)

①**예수님의 멍에** ②제자들의 십자가 ③순교의 십자가

88. 제사장 외에는 먹지 못하는 진설병을 누가 먹었나요?(12:3-4)

①사무엘 ②솔로몬 ③르호보암 ④**다윗**

89. 예수님께서는 자비를 원하고, 무엇을 원하지 않으셨나요?(12:7)

①규례 ②율법 ③**제사** ④전통

90. '이방들이 그의 이름을 바라리라' 예언한 선지자는?(12:17,21)

①에스겔 ②**이사야** ③예레미야 ④말라기

91. 예수님께서 누구를 힘입어 귀신을 쫓아낸다고 하였나요?(12:24)

①귀신 ②헤롯 ③블레셋 ④**바알세불**

92. 이 세상과 오는 세상에도 사하심을 얻지 못하는 죄는?(12:32)

①성경을 멀리함 ②제사장을 거절함

③**성령을 거역함** ④화를 냄

93. 무슨 말을 하든지 어느 때, 이에 대하여 심문을 받나요?(12:36)

①**심판 날** ②안식일 ③죽는 날 ④거룩한 날

94. 사람이 무엇으로 의롭다함을 받고-정죄함을 받게 되나요?(12:37)

①행동 ②성령 ③**말** ④생각

95. 니느웨 사람들은 누구의 전도를 들었나요?(12:41)

①하박국 ②이사야 ③스바냐 ④**요나**

96. 30, 60, 100배의 결실을 보는 씨앗은 어디에 떨어졌나요?(13:8)

①밭 ②길가 ③**좋은 땅** ④돌짝 밭

97. 가시떨기에 떨어진 씨를 막아 결실치 못하게 하는 것은?(13:22)

①**염려와 재물 유혹** ②세상의 유혹

③재리의 염려 ④사탄의 훼방

98. 누가 와서 사람이 잘 때, 곡식 가운데 가라지를 덧뿌렸나요?(13:25)

①미워하는 사람 ②이웃집 농부 ③천사 ④**원수**

99. 가루 서 말 속에 넣었을 때 전부를 부풀게 하는 것은 무엇인가요?(13:33)

①**한 누룩** ②한 되의 쌀 ③한 겨자씨 ④한 풀

100. 추수 때는 어느 때를 가리키나요?(13:39)

①안식일 ②심판 때 ③**세상 끝** ④죽을 때

101. 불법을 행하는 자들을 거두어 어느 불에 던져 넣나요?(13:42)

①뜨거운 불 ②**풀무 불** ③지옥 불 ④지독한 불

102. 천국은 마치 좋은 무엇을 구하는 장사와 같다 하였나요?(13:45)

①보화 ②열쇠 ③**진주** ④물건

103. 예수님의 형제가 아닌 사람은 누구인가요?(13:55)

①**베드로** ②야고보 ③유다 ④요셉

104. 분봉 왕 헤롯은 예수님을 누가 살아난 자라고 여겼나요?(14:1-2)

①엘리야 ②**세례 요한** ③모세 ④다니엘

105. 헤롯의 생일에 춤을 춘 사람은 누구였나요?(14:3)

①**헤로디아의 딸** ②헤롯의 딸 ③신하의 딸

106. 헤로디아의 딸은 세례 요한의 무엇을 달라고 하였나요?(14:8)

①낙타 털 옷 ②지팡이 ③**머리** ④손

107. 예수님은 자기에게 온 큰 무리에게 어떻게 여기셨나요?(14:14)

①훌륭하게 보심 ②자랑스러워하심

③착하다 여김 ④**불쌍히 여김**

108. 떡 5개, 물고기 2마리로 여자와 아이 외에 먹은 자는?(14:21)

①3천 명 ②**5천 명** ③4천 명 ④7천 명

109. 예수님께서 기도하시려고 따로 가신 곳은 어디였나요?(14:23)

①빈들 ②바다 건너 ③**산** ④한적한 곳

110. 제자들은 바다 위를 걸어오신 예수님을 누구라 했나요?(14:26)

①사람 ②예수 ③귀신 ④**유령**

111. 물 위를 걸어서 예수님께로 간 제자는 누구였나요?(14:29)

①야고보 ②요한 ③**베드로** ④마태

112. 어떤 사람들이 습관적으로 떡을 먹기 전에 손을 씻었나요?(15:2)

①바리새인 ②서기관 ③**장로** ④제사장

113. 맹인을 누가 인도하면 둘이 다 구덩이에 빠지는가요?(15:14)

①**맹인** ②앉은뱅이 ③말 못하는 사람 ④다리 저는 사람

114. 어느 여자가 예수님께 나와 딸이 귀신 들렸다고 했나요?(15:22)

①애굽 ②**가나안** ③사마리아 ④갈릴리

115. 자녀의 떡을 취하여 무엇에게 던짐이 마땅하지 않은가요?(15:26)

①이방인 ②**개** ③여인 ④아이

116. 병자들이 고침을 받은 것을 본 이들은 어떻게 하였나요?(15:31)

①신기해함 ②**하나님께 영광을 돌림**

③귀신의 능력을 찬양함 ④좋아함

117. 말씀을 듣기 위해 광야에 나온 사람들은 며칠 동안 있었나요?(15:32)

①하루 ②이틀 ③**사흘** ④나흘

118. 떡 7개, 생선 두어 마리로 먹고 남은 광주리는 몇 개?(15:37)

①12개 ②**7개** ③3개 ④5개

119. 여자와 아이 외에 모두 몇 명이 배불리 먹었나요?(15:38)

①3천 명 ②**4천 명** ③5천 명 ④7천 명

120. 저녁에 하늘이 붉으면 사람들은 뭐라 하나요?(16:2)

①날이 나쁘겠다 ②날이 덥겠다

③**날이 좋겠다** ④날이 춥겠다

121. 예수님은 무슨 표적밖에 보여줄 것이 없다고 하셨나요?(16:4)

①노아 ②**요나** ③나사로 ④소돔

122. 바리새인과 사두개인들의 무엇을 주의하라 하셨나요?(16:6)

①떡 ②**누룩** ③물 ④신발

123. 바리새인과 사두개인의 누룩은 무엇인가요?(16:12)

①그들의 전통 ②그들의 생활 ③**그들의 교훈**

124. 예수님께 "주는 그리스도시요"라고 말한 제자는 누구인가요?(16:16)

①**베드로** ②빌립 ③요한 ④야고보

125. 예수님께서는 교회를 어디에 세우신다고 하셨나요?(16:18)

①하늘-천국 ②이스라엘 ③반석 ④**베드로**

126. 누구든지 예수님을 따르려면 무엇을 져야 하나요?(16:24)

①자기 부인 ②자기 재산 ③자기 포기 ④**자기 십자가**

127. 예수님은 세상에 다시 오실 때 무엇을 갖고 오시나요?(16:28)

①하늘나라 ②지옥 ③**왕권** ④재판권

128. 예수님께서 변형되셨을 때, 누구, 누구와 함께 하셨나요?(17:3)

①**모세와 엘리야** ②모세와 아론

③아론과 엘리야 ④모세와 다윗

129. 예수님과 함께 했던 사람들에게 무엇이 내려와 덮었나요?(17:5)

①심판의 구름 ②빛난 무지개 ③**빛난 구름**

130. 누가 과연 먼저 와서 모든 일을 회복하리라고 하셨나요?(17:11)

①모세 ②**엘리야** ③예레미야 ④베드로

131. 자주 불에도 넘어지며, 물에도 넘어지게 한 병은 무엇인가요?(17:15)

①귀신이 들림 ②나병 ③**간질병** ④열병

132. 이 산을 명하여 여기서 저기로 옮겨지도록 하는 것은?(17:20)

①믿음 ②**겨자씨** ③누룩 ④제자들

133. 예수님은 죽임을 당하고 며칠 만에 살아나신다 하셨나요?(17:23)

①2일 ②**3일** ③4일 ④5일

134. 성전 세는 얼마씩을 내야 하나요?(17:24)

①**반 세겔** ②한 세겔 ③두 세겔 ④두 렙돈

135. 관세와 국세는 누가 거두어들이나요?(17:25)

①제사장 ②군인들 ③**세상 임금들** ④관리들

136. 어린아이와 같이 되지 않으면 어디를 들어가지 못하나요?(18:3)

①지옥 ②**천국** ③교회 ④성전

137. 작은 자 중 하나를 실족하게 하면 어떻게 하는것이 낫다고 하였나요?(18:6)

①**깊은 바다에 빠뜨림** ②지붕에 매 담

③돌을 지게 함 ④쇠뭉치를 묶음

138. 작은 자들의 천사들은 하늘에서 누구의 얼굴을 뵈오나요? (18:10)

①모세 ②엘리야 ③**하나님의 얼굴** ④천사들의 대장

139. 죄인이 교회의 말을 듣지 않으면 누구와 같이 여기나요?(18:17)

①**이방인과 세리** ②사두개인 ③창기와 이방인 ④바리새인

140. 몇 사람이 주님의 이름으로 모인 곳에 함께 하시나요?(18:20)

①한 사람 ②한 두 사람 ③**두 세 사람** ④서너 사람

141. 베드로는 죄인을 몇 번이나 용서하면 되겠냐고 물었나요?(18:21)

①세 번 ②**일곱 번** ③일곱 번에서 한 번 더 ④ 셀 수 없이

142. 예수님께서는 몇 번까지라도 용서해주라고 하셨나요?(18:22)

①7번 ②8번 ③**490번** ④49번

143. 주인은 탕감을 해 준 종에게 왜 화를 내었나요?(18:33-34)

①**탕감해주지 않아** ②싸워서

③빚진 자를 때려 ④돈을 빼앗아서

144. 하나님께서 사람을 지으실 때, 본래 어떻게 지으셨나요?(19:4)

①아담 ②하와 ③**남자와 여자** ④남자와 짐승

145. 하나님께서 짝지어주신 것을 사람이 어떻게 하지 못하나?(19:6)

①욕하지 못함 ②다투지 못함 ③**나누지 못함**

146. 어떤 경우에 아내를 버리고 다른데 장가들어야 하나요?(19:9)

①**아내의 음행** ②미워하는 아내 ③아내의 도적질

147. 사람들이 어린아이를 예수님께 데리고 온 까닭은?(19:13)

①병에서 고침 ②**안수와 기도**

③제자 되게 하려고 ④말씀을 들음

148. 사람이 생명에 들어가기 위해서 무엇들을 지켜야 하나요?(19:17)

①율법 ②말씀 ③**계명** ④법

149. 예수님께 왔던 부자 청년이 근심하며 떠나간 이유는?(19:22)

①기분이 나빠져서 ②**재물 때문에** ③죄 때문에

150. 예수님을 따르는 사람은 장차 어디에 앉게 되나요?(19:28)

①천국의 심판대 ②성전의 보좌 ③금빛 의자 ④**열두 보좌**

151. 예수님의 이름을 위하여 버린 사람은 무엇을 상속받나요?(19:29)

①**영생** ②생명 ③영혼 ④상급

152. 포도원에 마지막으로 들어간 사람은 몇 시에 들어 갔나요?(20:6)

①제삼시 ②제육시 ③제구시 ④**제십일시**

153. 주인은 몇 시에 일하러 온 사람부터 품삯을 주었나요?(20:9)

①**제십일시** ②제구시 ③제육시 ④제삼시

154. 예수님께서는 어디에서 자기가 넘겨지신다고 하셨나요?(20:18)

①나사렛 ②갈릴리 ③가버나움 ④**예루살렘**

155. 주님의 좌,우편에 앉을 권세는 누구에게 있다고 하셨나요?(20:23)

①예수님 ②12명의 제자들 ③**하나님** ④구하는 사람

156. 으뜸이 되려는 자는 사람들에게 무엇이 되어야 하나요?(20:27)

①**종** ②지도자 ③임금 ④주인

157. 예수님은 자기 목숨을 사람들에게 무엇으로 주셨나요?(20:28)

①선물 ②은사 ③**대속물** ④제사

158. 여리고를 떠날 때우리를 불쌍히 여기소서 라고 외친 사람은?(20:30)

①귀신들린 자 ②**소경 두 사람**

③거지들 ④가난한 자들

159. 예수님께서는 여리고에서 맹인을 어떻게 고치셨나요?(20:34)

①**눈을 만져서** ②침 뱉어서 ③보지 않고서 ④말씀으로만

160. 예수님은 왜 멍에 메는 짐승의 새끼를 타셨나요?(21:5)

①온유해서 **②겸손해서**

③새끼 밖에 없어서 ④다칠까봐

161. 예수님을 따르는 자들이 부른 찬송은 무엇이었나요?(21:9)

①임마누엘 ②할렐루야 ③샬롬 **④호산나**

162. 사람들은 예루살렘 성전을 무엇의 소굴을 만들었나요?(21:13)

①마귀 ②장사꾼들 **③강도** ④사기꾼

163. 무엇이든지 믿고 구하는 것을 다 받으려면 무엇을 해야하나요?(21:22)

①예배 ②찬송 **③기도** ④헌금

164. 누구의 세례가 하늘로부터냐, 사람으로부터냐 물으셨나요?(21:25)

①인자 **②요한** ③베드로 ④예수님

165. 요한은 어떠한 '도'로 유대인들에게 왔다고 하였나요?(21:32)

①규례 ②율법 ③회개 **④의**

166. 농부들은 주인의 아들을 죽이고 무엇을 가지려 하였나요?(21:38)

①기업 ②재산 ③포도원 **④유산**

167. 사람들은 예수님을 누구라고 알고 있었나요?(21:46)

①구주 ②**선지자** ③메시야 ④그리스도

168. 혼인잔치를 베푼 임금은 종들을 누구에게로 보냈나요?(22:3)

①친척들 ②권세자들 ③**청한 자들** ④길에서 만난 자들

169. 청함을 받은 자는 많으나 어떤 사람이 적다고 하였나요?(22:14)

①대접받을 자 ②**택함을 받은 자**

③인정된 자 ④사랑하는 자

170. 바리새인들이 예수님을 올무에 걸리게 하려던 것은?(22:15)

①행동 ②**말** ③친구 ④율법

171. 데나리온에는 누구의 형상이 새겨져 있었나요?(22:21)

①헤롯 ②빌라도 ③바로 ④**가이사**

172. 부활이 없다고 주장한 사람들은 누구였나요?(22:23)

①바리새인 ②열심당원 ③**사두개인** ④서기관

173. 예수님은 하나님을 누구의 하나님이라고 하셨나요?(22:32)

①예수님 ②모세 ③다윗 ④**아브라함**

174. 둘째 계명에서 누구를 자신 같이 사랑하라 하셨나요?(22:39)

①네 형제 **②네 이웃** ③ 네 가족 ④ 네 친구

175. 성령에 감동하여 그리스도를 주라 말한 사람은 누구인가요?(22:43)

①아브라함 ②야곱 ③이삭 **④다윗**

176. 서기관들과 바리새인들은 누구의 자리에 앉아 있었나요?(23:2)

①엘리야 ②하나님 **③모세** ④선지자

177. 제자들에게 누구라 칭함을 받지 말라고 하셨나요?(23:8)

①선생 ②선한 사람 **③랍비** ④높은 자

178. 서기관과 바리새인은 사람들에게 무엇을 닫은 자들인가요?(23:13)

①믿음의 문 **②천국의 문**

③제자 되는 문 ④기적의 문

179. 서기관과바리새인들은맹세할때,무엇으로맹세하면지켜야한다고했나?(23:16)

①제사장 **②성전의 금** ③건물 ④권위

180. 서기관들과 바리새인들이 드리는 십일조가 아닌 것은?(23:23)

①박하 **②돈** ③회향 ④근채

181. 맹인 된 인도자가 무엇은 걸러내고, 낙타는 삼켰나요?(23:24)

①개미 ②**하루살이** ③개구리 ④부자

182. 서기관과 바리새인은 무엇의 판결을 피할 수 없나요?(23:33)

①마지막 ②최후 ③열매 ④**지옥**

183. 어느 곳에 파송된 자들을 돌로 치는 자라고 하였나요?(23:37)

①이스라엘 ②**예루살렘**

③베들레헴 ④나사렛

184. 돌 하나도 돌 위에 남지 않고 다 무너뜨려지는 것은 무엇인가요?(24:2)

①궁전 ②회당 ③예루살렘 ④**성전**

185. 많은 사람이 자기를 누구라 하며 많은 사람을 미혹하나요?(24:5)

①**그리스도** ②선지자 ③심판의 왕 ④말세의 주

186. 무엇이 성하게 되어 많은 사람의 사랑이 식어지나요?(24:12)

①불의 ②불순종 ③**불법** ④불평

187. 그때, 어디에 있는 자들을 산으로 도망하라고 했나요?(24:16)

①교회 ②예루살렘 ③성전 ④**유대**

188. 인자가 구름을 타고 무엇과 무엇으로 오는 것을 보나요?(24:30)

①영광과 찬송 ②감사와 능력

③**능력과 큰 영광** ④권능과 찬송

189. 무엇은 없어지되 예수님의 말씀은 없어지지 않는가요?(24:35)

①사람들 ②생물들 ③**천지** ④선지자들

190. 누구의 때처럼 인자의 임함도 그러하리라고 하셨나요?(24:37)

①다윗 ②**노아** ③소돔과 고모라 ④솔로몬

191. 생각하지 않은 때에 인자가 오므로 어떻게 해야 하나요?(24:44)

①**준비** ②완료 ③완전 ④염려하지 말고

192. 마치 등을 들고 신랑을 맞으러 나간 열 처녀와 같은 것은?(25:1)

①결혼식 ②세상 ③복 ④**천국**

193. 등을 가지되 기름을 갖지 못한 자들은 누구라 하였나요?(25:3)

①기다리는 자 ②주님의 제자 ③**미련한 자** ④지혜로운 자

194. 주인이 타국에 가면서 종들에게 무엇을 맡겼나요?(25:14)

①주인의 가족 ②달란트 ③**전 재산** ④집안의 살림

195. 주인은 종들에게 어떤 기준으로 달란트를 맡겼나요?(25:15)

①마음에 따라 ②**종의 재능대로** ③종의 나이대로 ④그냥

196. 착하고 충성된 종은 무엇에 참여하는 약속을 받았나요?(25:21)

①**주인의 즐거움** ②주인의 잔치

③주인의 일 ④주인의 칭찬

197. 한 달란트 받았던 사람은 주인을 어떻게 생각하였나요?(25:24)

①좋은 사람 ②**굳은 사람** ③넉넉한 사람 ④넓은 사람

198. 지극히 작은 자 하나에게 한 것은 누구에게 한 것인가요?(25:40)

①주인 ②그의 부모 ③**예수님** ④선지자

199. 마귀와 그 사자들을 위하여 예비 된 곳은 어디인가요?(25:41)

①**영원한 불 못** ②무너질 성전 ③예루살렘 ④낙원

200. 유대인들은 예수님을 죽이려고 누구의 집에서 모의했나요?(26:3)

①헤롯의 집 ②**가야바의 집** ③빌라도의 집 ④안나스의 집

201. 예수님께서 식사하실 때, 여인이 무엇을 부어드렸나요?(26:6)

①성전의 기름 ②물 ③**향유** ④등불의 기름

202. 가룟 유다가 예수님을 넘겨주고 받은 돈은 얼마였나요?(26:15)

①금 이십 ②은 이십 ③**은 삼십** ④금 삼십

203. 예수님께서는 무엇을 얻게 해주시려고 피를 흘리셨나요?(26:28)

①**죄 사함** ②구원 ③영생 ④생명

204. 베드로에게 닭 울기 전에 몇 번 부인한다고 하셨나요?(26:34)

①한 번 ②두 번 ③**세 번** ④네 번

205. 예수님께서 고민하여 슬퍼하시며 기도하시던 곳은?(26:36-37)

①골고다 ②**겟세마네** ③에덴 ④갈보리

206. 예수님을 파는 자가 무엇을 짜고, 입을 맞추었나요?(26:48)

①**군호(암호)** ②암호 ③비밀 ④약속

207. 제자들 중의 한 사람은 누구의 귀를 잘랐나요?(26:51)

①율법사의 종 ②**대제사장의 종**

③사두개인 ④로마 군병

208. 대제사장들, 백성의 장로들이 예수님을 죽이려 한 시간은?(27:1)

①**새벽** ②아침 ③저녁 ④밤중

209. 토기장이의 밭을 살 것이라고 예언했던 선지자는?(27:9)

①**예레미야** ②에스겔 ③다니엘 ④이사야

210. 예수님 대신에 놓아달라고 한 죄수는 누구였나요?(27:21)

①바나바 ②바요나 ③바사바 ④**바라바**

211. 예수님을 희롱하고, 무엇을 벗기고 끌고 갔나요?(27:31)

①세마포 ②긴 옷 ③**홍포** ④하얀 옷

212. 예수님의 십자가를 대신 진 시몬은 어디에서 왔나요?(27:32)

①나사렛 ②갈릴리 ③사마리아 ④**구레네**

213. 몇 시부터 몇 시까지 땅에 어둠이 임하였었나?(27:45)

①삼시 - 육시 ②**육시 - 구시**

③구시 - 십일시 ④한시 - 삼시

214. 진실로 하나님의 아들이었다고 말한 사람은 누구였나요?(27:54)

①군인들 ②**백부장과 함께 지키던 자들** ③빌라도 ④요셉

215. 예수님의 시체를 가져다 장사를 지낸 사람은 누구인가요?(27:57-59)

①니고데모 ②**아리마대의 부자 요셉** ③요한 ④여인들

216. 막달라 마리아와 다른 마리아는 언제 무덤을 보러갔나요?(28:1)

①금요일에 **②안식 후 첫날에**

③안식일에 ④이튿날 아침에

2.17 무덤을 막고 있던 돌은 누가 굴려내었나요?(28:2)

①제자들 ②로마 군병 ③베드로 **④주의 천사**

218. 예수님께서 살아 나셔서 어디로 가셨다 하였나요?(28:7)

①예루살렘 ②갈보리 **③갈릴리** ④나사렛

219. 예수님의 부활을 대제사장에 알린 사람들은 누구였나요?(28:11)

①제자들 **②경비병들** ③여인들 ④천사

220. 살아나신 예수님은 하늘과 땅의 무엇을 받으셨나요?(28:18)

①권세 ②능력 ③보좌 ④심판

221. 제자들이 세례를 베풀 때, 사용하지 말아야 하는 이름은?(28:19)

①성령 ②아들 **③베드로** ④아버지

222. 예수님은 언제까지 믿는 자들과 항상 함께 계시나요?(28:20)

①죽을 때 **②세상 끝 날** ③날마다 ④주님께서 다시 오실 때

마가복음

1. 세례 요한은 무엇을 받는 회개의 세례를 전파하였나요?(1:4)

①**죄 사함** ②능력 ③성령 ④자복

2. 누가 예수를 광야로 몰아내셨나요?(1:12)

①하나님 ②사탄 ③**성령** ④선지자

3. 시몬과 그의 형제 안드레의 직업은 무엇인가요?(1:16)

①세리 ②**어부** ③의사 ④장사

4. 예수님은 안식일에 회당에서 무엇을 하셨나요?(1:21)

①복음을 전하심 ②병을 고쳐주심 ③**가르치심** ④진노하심

5. 더러운 귀신이 사람에게서 나올 때, 어떻게 하였나요?(1:25-26)

①**큰 소리를 지름** ②예수님께 따짐

③피를 흘리게 함 ④아프게 함

6. 예수님은 무엇을 하시려고 세상에 오셨다 하셨나요?(1:38)

①죄인을 살피려 ②**전도하시려** ③귀신 쫓아내려

7. 나병환자에게 자기의 몸을 누구에게 보이라고 하였나요?(1:44)

①**제사장** ②가족 ③모세 ④형제

8. 네 사람이 메워 가지고 예수님께로 데려 온 병자는 누구인가요?(2:3)

①나병환자 ②앉은뱅이 ③맹인 ④**중풍병자**

9. 예수님은 어디에서 죄를 사하는 권세가 있다고 하셨나요?(2:10)

①**땅** ②하늘 ③세상 ④만물 위에

10. 알패오의 아들은 누구인가요?(2:14)

①야고보 ②요한 ③**레위** ④빌립

11. 예수님은 누구를 부르러 세상에 오셨다고 하셨나요?(2:17)

①의인 ②하나님의 자녀 ③의원 ④**죄인**

12. 제자들이 밀밭 사이로 지나가다가 이삭을 자른 건 언제인가요?(2:23)

①안식 후 첫날 ②유월절날

③**안식일** ④잔치 끝날

13. 다윗은 어느 대제사장 때에 성전에서 진설병을 먹었나요?(2:26)

①**아비아달** ②아비야 ③나단 ④아사렐

14. 안식일은 누구를 위해서 있는 것이라 하였나요?(2:27)

①하나님 ②**사람** ③제사장 ④율법사

15. 사람들이 손 마른 자를 안식일에 고치시는 주님을 왜 주시했나요?(3:2)

①칭찬하려고 ②**고발하려고**

③확인하려고 ④병자를 데려오려고

16.바리새인들은 어떤 자들과 함께 예수를 죽일까 의논했나요?(3:6)

①**헤롯당** ②서기관들 ③제사장들 ④사두개인들

17. 병으로 고생을 하는 자들은 왜 예수님께로 나왔나요?(3:10)

①**만져주심을 바라고** ②말씀을 들으려고 ③궁금해서

18. 예수님께서 제자들을 선택하신 이유가 아닌 것은무엇인가요?(3:14-15)

①함께 있음 ②전도함 ③**왕국을 세움** ④귀신을 내어 쫓음

19. 예수님의 친족들은 예수님에 대하여 무어라 하였나요?(3:21)

①**미쳤다** ②구세주다 ③창피하다 ④자랑스럽다

20. 어떤 사람이 영원히 사하심을 얻지 못한다고 하였나요?(3:29)

①살인자 ②**성령을 모독하는 자** ③거짓말하는 자

21. 예수님은 누가 내 형제요 자매요 어머니라 하였나요?(3:35)

①식구들 ②**하나님의 뜻대로 행한 자** ③함께 먹는 자

22. 씨를 뿌릴 때, 길가에 떨어진 씨는 어떻게 되었나요?(4:4)

①**새들이 먹음** ②타서 죽음 ③기운이 막혀 죽음

23. 좋은 땅에 떨어져 결실하게 되는 숫자가 아닌 것은?(4:8)

①**열 배** ②삼십 배 ③육십 배 ④백 배

24. 씨를 뿌리는 자는 무엇을 뿌리는 사람을 가리키나요?(4:14)

①**말씀** ②성령 ③재리 ④기쁨

25. 가시떨기에 뿌려진 자에게 이유가 되지 않는 것은 무엇인가요?(4:19)

①세상의 염려 ②재물의 유혹 ③욕심 ④**환난**

26. 있는 자는 받고, 없는 자는 있는 것이 어떻게 되나요?(4:25)

①더 받음 ②**빼앗김** ③보충해서 받음 ④그냥 있게 됨

27. 땅이 스스로 열매를 맺는 순서는 어떠한가요?(4:28)

①싹-이삭-꽃 ②**싹-이삭-곡식**

③싹-꽃-열매 ④싹-곡식-꽃

28. 예수님은 가르치실 때 무엇이 아니면 말씀을 안 하셨나요?(4:34)

①하나님의 말씀 ②**비유** ③구약의 말씀 ④선지자들의 예언

29. 광풍에 무서워하는 제자들에게 무엇이 없다고 나무라셨나요?(4:40)

①담대함 ②**믿음** ③사랑 ④인내

30. 더러운 귀신들린 자는 예수님을 무어라 불렀나요?(5:7)

①다윗의 자손 ②아브라함의 자손

③**하나님의 아들** ④여호와

31. 더러운 귀신은 예수님께 자기가 누구라고 하였나요?(5:9)

①장군 ②돼지 ③군대 ④**군대**

32. 귀신이 돼지에게 들어가자 몇 마리가 바다에 빠졌나요?(5:13)

①천 마리 ②이백 마리 ③삼천 마리 ④**이천 마리**

33. 자신의 딸이 죽었다가 살아난 회당장은 누구인가요?(5:22)

①고넬료 ②빌립 ③**야이로** ④요안나

34. 혈루증으로 고생하다가 나은 여인은 몇 년 동안 앓았나요?(5:25)

①일 년 ②오 년 ③**열두 해** ④스무 해

35. 혈루증을 앓던 여인은 무엇으로 구원을 받았나요?(5:34)

①의사 **②믿음** ③사랑 ④네 손이

36. "소녀야 내가 네게 말하노니 일어나라"는 말의 뜻은?(5:41)

①아겔다마 ②라마 사박다니 **③달리다굼** ④랍오니

37. 회당장의 죽었다가 살아난 딸의 나이는 몇 살이었나요?(5:42)

①서른아홉 살 **②열두 살** ③열다섯 살 ④열 살

38. 예수님께서 고향에 가시자 사람들이 어떻게 대하였나요?(6:3)

①칭찬 ②환영 ③나무람 **④배척**

39. 제자들은 많은 병자들을 어떤 방법으로 고쳐주었나요?(6:13)

①안수하여 **②기름을 발라**

③예수님께 데려가 ④말씀으로만

40. 유대의 왕 헤롯의 동생은 누구인가요?(6:17)

①빌라도 ②가이사 **③빌립** ④바돌로메

41. 요한의 목을 달라고 한 사람은 누구였나요?(6:24)

①헤로디아 ②빌립 ③헤롯 ④제사장

42. 모인 사람들에게 떡을 먹이려면 얼마가 든다고 하였나요?(6:37)

①백 데나리온 ②오십 데나리온

③삼백 데나리온 ④**이백 데나리온**

43. 오병이어 기적으로 떡을 먹은 남자의 수는 몇 명이었나요?(6:44)

①**오천 명** ②사천 명 ③삼천 명 ④칠천 명

44. 예수님은 무리를 보내신 후에, 왜 산으로 가셨나요?(6:46)

①쉬려고 ②**기도하려고** ③묵상하려고 ④시장하셔서

45. 바다 위로 오시는 예수님께 제자들은 무엇이라 소리쳤나요?(6:49)

①귀신 ②**유령** ③천사 ④주님

46. 음식을 먹기 전, 손에 대한 장로들의 전통은 무엇이었나요?(7:2)

①**손을 씻음** ②손을 씻지 않음 ③감사의 기도 ④손을 흔듬

47. 장로들의 전통에서 씻지 않아도 되는 것은 무엇인가요?(7:4)

①잔 ②주발 ③놋 그릇 ④**음식**

48. 유대인들은 무엇을 버리고 사람의 전통을 지킨다 하였나요?(7:8)

①조상들의 교훈 ②**하나님의 계명** ③십계명 ④은혜

49. 사람에게서 나오는 것은 사람을 어떻게 하나요?(7:20-22)

①**더럽게 함** ②사랑하게 함 ③친절하게 함 ④교양 있게 함

50. 예수님이 자기를 숨기려 했지만 그러지 못했던 지방은 어디인가요?(7:24)

①나사렛 ②갈릴리 ③베다니 ④**두로**

51. 자녀의 떡을 개들에게 던짐이 마땅치 않다는 말을 들은 여인은?(7:26)

①**수로보니게 족속** ②가나안 족속

③블레셋 족속 ④유대 족속

52. 손가락을 귀에 넣고 침을 뱉어 그의 혀에 손을 댄 병자는?(7:32-33)

①맹인 ②**귀 먹고 말 더듬는 자** ③앉은뱅이 ④말 못하는 자

53. '열리라'는 뜻의 말로 예수님이 병자에게 하신 말씀은 무엇인가요?(7:34)

①달리다굼 ②호산나 ③**에바다** ④엘로힘

54. 예수님의 곁에 있던 사람들은 며칠이 지나도록 있었나요?(8:2)

①하루 ②이틀 ③**사흘** ④나흘

55. 예수님께서는 사람들을 먹이실 때, 무엇으로 하셨나요?(8:6-7)

①떡 다섯 개 ②**떡과 물고기** ③떡 일곱 개 ④소년의 도시락

56. 예수님께 와서 하늘로부터 오는 표적을 구한 사람들은 누구인가?(8:11)

①율법사들 ②사두개인 ③제사장들 ④**바리새인**

57. 예수님은 제자들에게 어떤 누룩을 주의하라고 하셨나요?(8:15)

①**바리새인과 헤롯** ②바리새인

③헤롯 ④사두개인과 열심당

58. 제자들은 누룩을 주의하라는데, 왜 수군거렸나요?(8:17)

①사람들 때문에 ②**떡이 없어서** ③누룩이 없어서

59. 예수님은 맹인의 눈을 뜨게 해주시고, 무어라고 말씀 하셨나요?(8:26)

①떠나라 명하심 ②씻으라 하심 ③**마을에 들어가지 말라 명하심**

60. "주는 그리스도시니이다"라고 고백한 사람은 누구였나요?(8:29)

①요한 ②안드레 ③야고보 ④**베드로**

61. 온 천하를 얻고도 무엇을 잃으면 유익하지 않는가요?(8:36)

①친구 ②재물 ③**목숨** ④명예

62. 제자들이 모세와 엘리야, 예수님의 변형된 모습을 본 곳은?(9:2)

①시내산 ②감람산 ③갈멜산 ④**변화산**

63. 베드로는 예수님께 초막 몇 개를 짓자고 하였나요?(9:5)

①한 개 ②**세 개** ③일곱 개 ④네 개

64. 귀신들린 아이를 제자들이 고쳐주지 못한 까닭은 무엇인가요?(9:18-19)

①제자들이라서 ② 안 해보아서

③**믿음이 없어서** ④두려워서

65. 능치 못할 일이 없는 사람은 누구인가요?(9:23)

①소망의 사람 ②**믿음의 사람** ③능력의 사람 ④권세자

66. 귀신을 내쫓는 일이 무엇 외에는 나갈 수 없는가요?(9:29)

①**기도** ②믿음 ③사랑 ④저주

67. 누구를 영접하면 예수님을 영접하는 것이라 하셨나요?(9:37)

①제자 중의 한 사람 ②**어린 아이** ③병든 자 ④약한 자

68. 눈이 나에게 범죄 하게 하거든 어떻게 하라고 하셨나요?(9:47)

①씻어라 ②회개의 눈물을 흘림 ③**빼 버리라** ④감아버리라

69. 사람의 마음에 무엇을 두고 서로 화목하라고 하셨나요?(9:50)

①촛불 ②성경 ③증인 ④**소금**

70. '아내를 버리는 것'으로 예수님을 시험한 사람들은 누구인가요?(10:2)

①율법사들 ②서기관들 ③사두개인들 ④**바리새인들**

71. 결혼할 때, 누구를 떠나서 두 사람이 한 몸이 되어야 하나요?(10:7-8)

①**부모** ②형제와 자매 ③친척 ④고향

72. 어린아이들이 오는 것을 제자들이 꾸짖자 예수님의 반응은?(10:14)

①아이들을 꾸짖으심 ②**화를 내심**

③칭찬하심 ④아이들을 쫓으심

73. 예수님은 누구 외에는 선한 이가 없다고 하셨나요?(10:18)

①노아 ②욥 ③**하나님** ④아브라함

74. 복음을 위하여 모든 것을 버린자가 상과 겸하여 받는 것은?(10:30)

①영광 ②보화 ③면류관 ④**박해**

75. 예수님을 죽이기 위해 조롱하는 방법이 아니었던 것은 무엇인가요?(10:34)

①능욕함 ②침을 뱉음 ③채찍질 ④**묶어둠**

76. 으뜸이 되고자 하면 모든 사람의 무엇이 되어야 하나요?(10:44)

①선생 ②높은 자 ③심부름을 해줌 ④**종**

77. 맹인이 겉옷을 내버리고 뛰어 예수님께로 나온 이유는?(10:50-52)

①**보기 위해서** ②영생을 얻으려

③돈을 얻으려 ④손을 잡으려

78. 예수님께서 벳바게와 베다니에서 끌고 오라고 하신 것은?(11:1-2)

①토끼 ②**나귀 새끼** ③염소 새끼 ④망아지

79. 앞에서 가고 뒤따르는 자들이 소리를 지르며 부른 찬송은?(11:9)

①할렐루야 ②임마누엘 ③샬롬 ④**호산나**

80. 예수님은 어디에서 나오셨을 때 무화과나무를 보셨나요?(11:12)

①예루살렘 ②감람산 ③**베다니** ④여리고

81. 성전은 만민이 무엇을 하는 집이라고 하셨나요?(11:17)

①**기도** ②찬송 ③제사용 제물을 파는 곳 ④강도의 소굴

82. 제자들은 무화과나무가 마른 것을 언제 보게 되었나요?(11:20)

①지난밤에 ②새벽에 ③**아침에** ④낮에

83. 기도할 때 아무에게나 혐의가 있으면 어떻게 하나요?(11:25)

①사랑 ②**용서** ③고소 ④책망

84. 장로들이 예수님의 행동을 보고 물은 것은 무엇인가요?(11:28)

①제사장의 뜻 ②**무슨 권위로** ③누구의 뜻으로

85. 누구의 세례를 "하늘로서냐, 사람에게서냐"라고 물었나요?(11:30)

①제사장 ②선지자 ③베드로 ④**요한**

86. 포도원의 주인이 농부들에게 종을 보낸 이유는 무엇인가요?(12:2)

①감독하라고 ②밭을 살핌 ③농부들을 살핌 ④**소출을 얻음**

87. 건축자들의 버린 돌은 모퉁이의 무엇이 되나요?(12:10)

①**머릿돌** ②주춧돌 ③기초석 ④기둥의 돌

88. 데나리온에는 가이사의 무엇이 새겨져 있었나요?(12:16)

①이름 ②로마의 국명 ③**형상과 글** ④권세를 설명

89. 사두개인들은 무엇이 없다고 해서 믿지 않았나요?(12:18)

①하나님의 아들 ②병에서 고침 ③죽음 ④**부활**

90. 사두개인들이 알지 못했던 것은 무엇이었나요?(12:24)

①**성경과 하나님의 능력** ②성령

③예수님의 능력 ④성경의 언약

91. 이웃을 자신과 같이 사랑하라 하신 것은 몇 째 계명인가요?(12:31)

①첫 째 ②셋 째 ③**둘 째** ④다섯 째

92. 구약시대 때, 그리스도를 주라고 한 사람은 누구였나요?(12:37)

①아브라함 ②**다윗** ③모세 ④이사야

93. 예수님께서 칭찬하신 가난한 과부가 낸 헌금은 얼마 인가요?(12:42)

①한 렙돈 ②**두 렙돈**

③한 데나리온 ④두 고드란트

94. 성전의 무너짐과 관련해서, 제자들이 예수님께 구한 것은?(13:4)

①벌을 피함 ②심판을 면함 ③**징조** ④가족의 구원

95. 난리와 난리의 소문을 들으면 무엇의 시작인가요?(13:8)

①양과 염소의 구별 ②의인과 죄인의 구별 ③**재난** ④영생

96. 마지막 때에 우리가 해야 될 말을 주시는 이는 누구인가요?(13:11)

①부모 ②선생 ③어른들 ④**성령**

97. 주님의 이름 때문에 끝까지 견디는 자가 얻는 것은 무엇인가요?(13:13)

①기적 ②축복 ③**구원** ④하나님의 보호

98. 마지막 때가 언제 일어나지 않도록 기도하라고 하셨나요?(13:18)

①봄 ②여름 ③가을 ④**겨울**

99. 거짓 선지자는 택하신 백성을 어떻게 하려 하는가요?(13:22)

①믿음으로 세워줌 ②**미혹함** ③믿음을 확인 ④배교하게 함

100. 세상의 마지막인 그 날과 그 때는 누구만 아시나요?(13:32)

①천사 ②선지자 ③**아버지** ④예언자

101. 그가 홀연히 와서 무엇을 보지 않도록 하라고 하셨나요?(13:36)

①즐기는 것 ②**자는 것** ③술 취하는 것 ④죄를 짓는 것

102. 여인이 예수님께 부은 향유는 얼마 이상의 값인가요?(14:5)

①백 데나리온 ②이백 데나리온

③**삼백 데나리온** ④사백 데나리온

103. 예수님을 넘겨주려고 대제사장에게로 간 제자는 누구인가요?(14:10)

①베드로 ②**가룟 유다** ③예수님의 형제 유다 ④요한

104. 예수님은 떡을 축사하시고 이것을 무엇이라고 하셨나요?(14:22)

①**예수님의 몸** ②예수님의 능력 ③예수님의 피 ④천국 양식

105. 다주를 버릴지라도 자기는 그렇지 않겠다고 한 제자는 누구인가?(14:29)

①야고보 ②안드레 ③**베드로** ④요한

106. 예수님이 기도하신 후에 제자들에게 무엇을 하라고 하셨나요?(14:41)

①떡을 먹어라 ②싸우러 가자 ③기도하라 ④**이제는 쉬라**

107. 예수님을 따르던 청년이 벗은 몸으로 도망을 간 이유는?(14:51-52)

①옷을 입지 않아 ②**잡혀 갈까봐**

③잠들어서 ④놀라서

108. "우리가 어찌 더 증인을 요구하리요"라고 말한 사람은?(14:63)

①제사장 ②**대제사장** ③바리새인들 ④하속들

109. 닭이 세 번 울기 전에 예수님을 모른다고 부인한 제자는?(14:72)

①요한 ②가룟 유다 ③야고보 ④**베드로**

110. 예수님을 결박해서 누구에게로 넘겨졌나요?(15:1)

①헤롯 ②군병들 ③공회 ④**빌라도**

111. 민란을 꾸미고 민란 중에 살인하고 체포된 자는 누구인가요?(15:7)

①가룟 유다 ②바디메오 ③**바라바** ④구레네 시몬

112. 군인들은 예수님을 끌고 어디로 들어가 군대를 모았나요?(15:16)

①성전 ②아겔다마 ③재판정 ④**브라이도리온**

113. 군인들은 예수님을 조롱하려고 입혔다가 벗긴 옷은?(15:17)

①흰 옷 ②**자색 옷** ③푸른 옷 ④검정 옷

114. 군인들이 예수님을 십자가에 못 박은 시간은 언제였나요?(15:25)

①**제 삼시** ②새벽에 ③제 육시 ④한낮에

115. 제구시에 예수님께서 지른 소리는 무엇이었나요?(15:34-35)

①다 이루었다 ②**엘리 엘리 라마 사박다니** ③마라나타

116. 예수님께서 숨지셨을 때, 위로부터 아래로 찢어진 것은?(15:38)

①**성소의 휘장** ②궁전의 휘장

③성전 문의 휘장 ④빌라도의 옷

117. 예수의 시체를 달라고 요구한 요셉은 어디 사람인가요?(15:43)

①가버나움 ②**아리마대** ③가이사랴 빌립보 ④구레네

118. 안식 후 첫날에 여자들이 향품을 들고 찾아간 곳은 어디인가요?(16:2)

①**예수님의 무덤** ②요셉의 집 ③베드로의 집

119. 천사는 부활하신 예수님을 어디에서 만날 거라 하였나요?(16:7)

①마가의 집 ②베들레헴 ③예루살렘 ④**갈릴리**

120. 제자들이 음식을 먹을 때, 그들 앞에 누가 나타났나요?(16:14)

①빌라도 ②**예수님** ③로마 군병 ④제사장

121. 예수님은 온 천하에 다니면서 무엇을 하라고 하셨나요?(16:15)

①착한 일 ②**복음 전파** ③구제하는 일 ④천국을 가르침

122. 믿고 세례를 받는 자에게 받을 것으로 약속이 된 것은?(16:16)

①**구원** ②믿음 ③영생 ④영광

123. 믿는 자들이 귀신을 쫓아내는 것을 무엇이라 하나요?(16:17-18)

①권세 ②**표적** ③능력 ④약속

124. 예수님이 말씀을 마치시고, 하늘로 올라가 앉으신 곳은?(16:19)

①하나님 좌편 ②**하나님 우편**

③하나님의 보좌 ④하나님의 발등상

125. 따르는 표적으로 무엇을 확실히 증언하셨나요?(16:20)

①**말씀** ②믿음 ③사랑 ④예언

누가복음

1. 데오빌로에게 예수님에 대하여 글을 써서 보낸 사람은?(1:3)

①사도 요한 ②베드로 ③**누가** ④사가랴

2. 아론의 자손인 엘리사벳의 남편이며, 제사장인 사람은 누구인가요?(1:5)

①**사가랴** ②세례 요한

③가야바 ④데오빌로

3. 천사 가브리엘은 누구에게로 보내심을 받았나요?(1:18-19)

①세례 요한 ②예수님 ③**사가랴** ④엘리사벳

4. 다윗의 자손으로서 처녀 마리아와 약혼을 했던 남자는 누구인가요?(1:27)

①예수님 ②누가 ③**요셉** ④사도 요한

5. 엘리사벳은 누구에게 복이 있다고 찬송을 하였나요?(1:41-42)

①**마리아** ②안나 ③사가랴 ④시므온

6. 세례 요한은 태어난 지 며칠 만에 할례를 받았나요?(1:59)

①**7일** ②1년 ③8일 ④40일

7. 성령의 충만함을 받아 아기에 대하여 예언한 아버지는?(1:67)

①엘리사벳 ②마리아 ③안나 ④**사가랴**

8. 요셉은 약혼한 마리아와 함께 어디로 호적하러 올라갔나요?(2:4)

①예루살렘 ②베들레헴 ③베다니 ④**나사렛**

9. 온 백성에게 미칠 큰 기쁨의 소식을 누가 전해주었나요?(2:10)

①동방박사들 ②목자들

③ 사가랴와 엘리사벳 ④**천사들**

11. '땅에서는 하나님이 기뻐하신 사람들 중에' 무어라고 했나요?(2:14)

①사랑 ②**평화** ③화평 ④온유

10. 목자들이 전해준 천사의 말을 마음에 담아둔 사람은 누구인가요?(2:19)

①요셉 ②동방박사들 ③**마리아** ④구유를 빌려준 집 주인

12. 시므온은 의롭고 경건하여 무엇을 기다리고 있었나요?(2:25)

①**이스라엘의 위로** ②복 ③예루살렘의 회복 ④소망

13. 아셀 지파 바누엘의 딸로서 여 선지자인 사람은 누구였나요?(2:36)

①사라 ②**안나** ③마리아 ④엘리사벳

14. 예수님의 부모가 해마다 예루살렘으로 갔을 때의 절기는?(2:41)

①**유월절** ②장막절 ③부림절 ④나팔절

15. 예수는 어디에서 자라며 순종하여 받드셨나요?(2:51)

①예루살렘 ②**나사렛** ③베들레헴 ④헤브론

16. 죄 사함을 얻게 하는 회개의 세례를 전파한 사람은 누구인가요?(3:3)

①사가랴 ②**세례요한** ③누가 ④요한의 제자들

17. 요한은 외치기를 무엇에 합당한 열매를 맺으라고 하였나요?(3:8)

①**회개** ②예배 ③하나님께 ④복을 받음

18. 이미 나무 뿌리에 놓인 것은 무엇인가요?(3:9)

①톱 ②**도끼** ③삽 ④불

19. 예수님은 무엇과 무엇으로 세례를 베푸신다고 했나요?(3:16)

①물과 성령 ②**성령과 불**

③말씀과 물 ④말씀과 성령

20. 분봉왕 헤롯은 어떤 여자와 행한 일로 책망을 받았나요?(3:19)

①이세벨 ②드보라 ③에스더 ④**헤로디아**

21. 예수님이 세례를 받으실 때 성령이 어떻게 임하였나요?(3:22)

①**비둘기 형체로** ②바람으로 ③빛이 쏟아짐 ④하늘이 열림

22. 예수님은 몇 살 때, 가르치심을 시작하셨나요?(3:23)

①이십 세 ②**삼십 세** ③이십오 세 ④사십 세

23. 예수님의 족보에서 아담의 위는 누구라고 하였나요?(3:38)

①하와 ②**하나님** ③하갈 ④하나냐

24. 예수님은 누구에게 이끌리어 마귀에게 시험을 받으셨나요?(4:1)

①사탄 ②스스로 ③**성령** ④배고픔에

25. 예수님이 마귀에게 하나님께 대하여 하지 말라 하신 것은 무엇인가요?(4:12)

①**하나님을 시험** ②하나님께 명령 ③예언 ④기도하지 말라

26. 마귀를 물리친 후에, 예수님은 어디로 돌아가셨나요?(4:14)

①나사렛 ②사마리아 ③**갈릴리** ④벳세다

27. 예수님은 자라실 때, 안식일에 회당에서 무엇을 하셨나요?(4:16)

①사람들을 가르침 ②예언을 하심

③기도해주심 ④**성경을 읽으심**

28. 수리아 사람 나아만이 나병에서 고침 받을 때의 선지자는?(4:27)

①**엘리사** ②사무엘 ③엘리야 ④나단

29. 시몬의 장모는 어떤 병에 걸렸다가 나았나요?(4:38)

①나병 ②혈루병 ③**열병** ④눈병

30. 귀신들은 예수님을 누구라고 알고 있었나요?(4:41)

①**그리스도** ②요셉의 아들 ③예수 ④권세 있는 사람

31. 예수님은 무엇을 전하기 위해 보내심을 입으셨나요?(4:43)

①천국 ②전도 ③구원 ④**하나님의 나라 복음**

32. 예수님은 시몬에게 어디로 가서 그물을 내리라 하셨나요?(5:4)

①한 가운데 ②**깊은 데** ③그늘진 데 ④넓은 데

33. 시몬은 자기가 누구임을 알아서, 주님을 떠나라 하였나요?(5:8)

①**죄인** ②어부 ③유대인 ④무식한 사람

34. 예수님은 나병환자를 고쳐주시기 전에 무어라 하셨나요?(5:13)

①화가 난다 ②불쌍하다

③**내가 원한다** ④제사장에게 가라

35. 병자를 데려온 네 명의 친구들이 예수님께 보여드린 것은?(5:20)

①남을 도와줌 ②친구를 불쌍히 여김 ③**믿음** ④죄 사함

36. 예수님은 사람들에게 어떤 권세가 있음을 알게 하셨나요?(5:24)

①저주 ②축복 ③믿음 ④**죄 사함**

37. 세관에서 예수님의 부름을 받고 따른 자는 사람은 누구인가요?(5:27)

①**레위** ②마가 ③누가 ④빌립

38. 죄인을 불러 회개시키러 온 사람은 누구인가요?(5:32)

①세례 요한 ②이사야 선지자 ③**예수님** ④제자들

39. 혼인집에서 신랑을 빼앗기는 날에 무엇을 해야 하나요?(5:35)

①찾으러 감 ②**금식을 함** ③애통해 함 ④종들을 보냄

40. 안식일에 제자들이 밀밭 사이로 지나가다 어떻게 하였나요?(6:1)

①**이삭을 잘라 먹음** ②이삭을 땀

③이삭을 망침 ④밀밭을 망침

41. 예수님은 안식일에 무엇을 하는 것을 강조하셨나요?(6:9)

①일을 하지 않음 ②**선을 행함** ③성전에 감 ④찬양을 드림

42. 예수님은 밤이 새도록 기도하실 때, 주로 어디에서 하셨나요?(6:12)

①강가 ②기도원 ③**산** ④나무 아래

43. 부요한 자는 이 땅에서 무엇을 이미 받았다고 하였나요?(6:24)

①상급 ②**위로** ③벌 ④복

44. 예수님의 사람은 누구에게 착하게 대해주어야 하나요?(6:27)

①좋은 사람 ②악한 사람 ③원수 ④**나를 미워하는 자**

45. '후히 되어 누르고 흔들어 넘치도록' 안겨 받는 사람은 누구인가요?(6:38)

①**주는 사람** ②구하는 사람 ③일하는 사람 ④기도하는 사람

46. 사람은 자기의 눈 속에 있는 무엇을 깨닫지 못하나요?(6:41)

①티 ②**들보** ③사흘 ④나흘

47. 예수님은 '주여, 주여' 하지 말고 어떤 사람이 되라고 했나요?(6:46)

①**듣고 행함** ②듣기를 좋아함

③지혜로운 자 ④반석의 믿음

48. 백부장이 자기의 종이 죽게 되자 누구를 예수님께 보냈나요?(7:3)

①제사장 ②랍비 ③**유대인의 장로들** ④집안에 있는 종들

49. 이 만한 믿음은 만나보지 못했다고 칭찬을 받은 사람은 누구인가요?(7:9)

①베드로 ②죽게 된 종 ③유대인의 장로들 ④**백부장**

50. 예수님이 나인성에서 죽은 사람을 살렸는데 누구의 아들인가?(7:12)

①가나안 여인의 아들 ②거지 ③**과부의 아들** ④외아들

51. 주님으로 말미암아 실족하지 않는 사람이 받는 것은 무엇인가요?(7:23)

①자유를 받음 ②**복을 받음**

③건강해짐 ④소원을 이룸

52. 예수님은 누구를 가리켜 선지자보다 훌륭하다고 하셨나요?(7:24,26)

①예수님 ②아브라함 ③**세례 요한** ④다윗

53. 무엇이 '자기의 모든 자녀로 인하여 옳다 함을' 얻게 할까요?(7:35)

①지식 ②사랑 ③**지혜** ④믿음

54. 예수님이 바리새인의 집에 계실 때, 한 여자가 가지고 온 것은?(7:37)

①**향유 옥합** ②기름 ③등불 ④발을 씻을 물

55. 여자는 예수님의 발에 무엇을 부어드렸나요?(7:46)

①물 ②**향유** ③기름 ④꽃잎을 뿌림

56. 예수님은 막달라인 마리아에게서 무엇을 쫓아내셨나요?(8:2)

①**일곱 귀신** ②더러운 귀신

③귀신의 왕 ④ 흉악하게 하는 귀신

57. 좋은 땅에 떨어진 씨는 몇 배나 되는 결실을 얻게 했나요?(8:8)

①서른 배 ②육십 배 ③구십 배 ④**백 배**

58. 말씀을 그 마음에서 빼앗는 것으로 비유된 곳은 어디인가요?(8:12)

①**길가** ②바위 ③가시떨기 ④좋은 땅

59. 누구든지 등불을 켜면 어디에 둔다고 하였나요?(8:16)

①평상 옆 ②등경 아래 ③**등경 위** ④평상 위

60. 풍랑을 다스리신 예수님은 제자들에게서 무엇을 찾으셨나요?(8:25)

①**믿음** ②소망 ③사랑 ④은혜

61. 예수님께서 군대라는 이름의 귀신을 물리치신 곳은 어디인가요?(8:26)

①벳세다 광야 ②베다니 ③**거라사인의 땅** ④가버나움

62. 혈루증을 앓던 여인은 예수님의 어디에 손을 대어 나았나요?(8:44)

①신들메 ②**옷가** ③손 ④머리털

63. 주님이 아이에게 일어나라 하시자 그에게 돌아온 것은 무엇인가요?(8:55)

①**영** ②혼 ③정신 ④몸

64. 제자들은 전도하러 길을 떠날 때 어떻게 하라고 하였 나요?(9:3)

①염려하지 않음 ②능력을 받음 ③**빈손으로** ④돈을 가짐

65. 떡 다섯 개와 물고기 두 마리로 먹은 남자들의 수는 얼마인가요?(9:14)

①일 천 명 ②이 천 명 ③삼 천 명 ④**오 천 명**

66. 주님을 따르려면 자기를 부인하고, 무엇을 져야 하나요?(9:23)

①돈-헌금 ②**자기의 십자가**

③예수님의 보따리 ④옷 보따리

67. 예수님이 늘 함께 데리고 다니던 제자가 아닌 사람은 누구인가요?(9:28)

①베드로 ②요한 ③야고보 ④**누가**

68. 제자들이 귀신을 내어 쫓지 못하자, 예수님의 탄식은 무엇이였나?(9:41)

①위로가 없음 ②**믿음이 없음** ③사랑이 없음 ④기도가 없음

69. 제자들이 누가 크냐고 다투자, 예수님이 가리키신 사람은?(9:47)

①죄인 ②의인 ③**어린 아이** ④고위 관리

70. 예수님은 어떤 기약 때문에 예루살렘으로 가셔야 했나요?(9:51)

①죽음을 당하실 **②승천하실**

③재판을 받으실 ④부활하셔야 해서

71. 쟁기를 잡은 사람이 어떻게 할 때, 하나님께 부당한가요?(9:62)

①뒤를 돌아봄 ②다른 생각을 함 ③후회함 ④한 눈을 팔 때

72. 제자들을 보내실 때, 어린 양을 어디로 보냄과 같다고 했나요?(10:3)

①세상으로 **②이리 가운데** ③독사들의 무덤 ④사자 굴

73. 심판때, 제자들을 보내시는 동네보다 견디기 쉬운 곳은 어디인가요?(10:14)

①소돔, 고모라 **②두로, 시돈** ③시온, 수가 ④고라신, 벳새다

74. 제자들의 이름이 어디에 기록된 것으로 기뻐해야 하나요?(10:20)

①회당에 ②보냄을 받은 동네 ③사람들의 마음 **④하늘에**

75. 어떤 사람이 하나님을 알 수 있다고 하였나요?(10:22)

①믿는 자 **②계시를 받은 자** ③기도하는 자 ④성실한 자

76. 어떤 사람이 예루살렘에서 어디로 가려다가 강도를 만났나요?(10:30)

①여리고 ②베들레헴 ③성전 ④사마리아

77. 강도 만난 사람을 제일 먼저 보았으나 피하여 간 사람은?(10:31)

①사마리아인 ②레위인 ③율법학자 ④**한 제사장**

78. 강도 만난 사람을 불쌍히 여겨 치료해준 사람은 누구인가요?(10:33)

①**사마리아인** ②레위인 ③율법학자 ④제사장

79. 한 가지만 택하였어도 좋은 것을 택한 사람은 누구인가요?(10:42)

①마르다 ②**마리아** ③나사로 ④삭개오

80. 하나님은 구하는 자에게 무엇을 주신다고 하셨나요?(11:13)

①소원 ②마귀를 쫓는 권세

③병을 고쳐주는 능력 ④**성령**

81. 주님이 귀신을 쫓아내실 때, 누구를 힘입는다고 했나요?(11:15)

①**바알세불** ②귀신의 아비 ③사탄 ④거짓말 하는 귀신

82. 하나님의 말씀을 듣고 지키는 자에게는 무엇이 있나요?(11:28)

①지혜 ②영광 ③**복** ④재물

83. 남방의 여왕은 누구에게 지혜로운 말을 들으려 하였나요?(11:31)

①보아스 ②**솔로몬** ③다윗 ④아브라함

84. 사람에게서 눈은 무엇에 해당하나요?(11:34)

①인생의 생명 ②인생의 지혜 ③**몸의 등불** ④ 몸의 보호

85. '속에는 탐욕과 악독이 가득하다'고 책망을 받은 자들은?(11:39)

①서기관들 ②**바리새인** ③사두개인 ④율법학자들

86. 예수님은 바리새인들에게 무엇과 같다고 나무라셨나요?(11:44)

①화가 있는 자들 ②돌무더기

③**평토장한 무덤** ④사람들이 밟음

87. 모든 선지자들의 흘린 피를 누가 담당하게 될 것인가요?(11:51)

①전의 세대 ②**이 세대** ③구약시대 ④신약시대

88. 골방에서 귀에 대고 말한 것이 어떻게 된다고 하셨나요?(12:3)

①**집 위에서 전파** ②저 동네로 퍼짐 ③옆집으로 퍼짐

89. 누구를 모독하는 자는 사하심을 받지 못하나요?(12:10)

①하나님 ②**성령** ③예수님 ④선지자

90. 예수님께서 그 소유의 넉넉함이 어디에 있지 않다고 하셨나요?(12:15)

①**사람의 생명** ②행복한 삶 ③가정의 평안 ④사람의 건강

91. 하나님께서는 사람을 무엇보다도 더 귀하게 여기시나요?(12:24)

①어린양 ②**새** ③백합화 ④바람

92. 오직 우리가 하나님 앞에서 구해야 할 것은 무엇인가요?(12:31)

①죄의 회개 ②하나님의 이름 ③**하나님의 나라** ④성령 충만

93. 보물이 있는 곳에 무엇이 있게 된다고 하셨나요?(12:34)

①**사람의 마음** ②돈 ③생명 ④사람의 관심

94. 예수님께서는 무엇을 땅에 던지러 오셨나요?(12:49)

①물 ②생명 ③심판 ④**불**

95. 구름이 어디에서 일어나면 소나기가 오리라 생각하나요?(12:54)

①동 ②**서** ③남 ④북

96. 사람이 하나님께 무엇을 하지 않으면 망한다고 하였나요?(13:3)

①예배 ②**회개** ③제사 ④이웃과 싸움

97. 포도원에 무엇을 심어 삼 년 동안 열매 맺기를 기다렸나요?(13:6)

①**무화과나무** ②포도나무

③돌 감람나무 ④백합화나무

98. "여자여 네가 네 병에서 놓였다"는 말은 누가 했나요?(13:12)

①제사장 ②회당장 ③**예수님** ④율법사

99. 꼬부라졌던 여자는 18년 동안 무엇에 매여 지냈었나요?(13:16)

①부모의 죄 ②저주를 받아서 ③자기의 죄 ④**사탄**

100. 가루 서 말 속에 갖다 넣어 전부 부풀게 한 것은 무엇인가요?(13:21)

①겨자씨 ②물 ③**누룩** ④밀가루

101. 들어가기를 구하여도 못하는 자가 많은 곳은 어디인가요?(13:24)

①**좁은 문** ②넓은 문 ③양의 문 ④왕의 문

102. 예수님은 어떤 사람들에게 자기를 떠나가라고 하셨나요?(13:27)

①반대하는 자 ②시기하는 자

③염려하는 자 ④**행악하는 자**

103. 예수님은 헤롯을 가리켜 어떤 짐승에 비유하였나요?(13:32)

①이리 ②늑대 ③**여우** ④독사

104. 예수님께서 바리새인 지도자의 집에서 고쳐주신 병자는?(14:1-2)

①귀신들린 환자 ②열병 환자 ③**수종병 환자** ④나병 환자

105. 잔치에 청함을 받았을 때, 어디에 앉지 말라 하셨나요?(14:8)

①**높은 자리** ②말석 ③좋은 자리 ④나쁜 자리

106. 잔치를 베풀 때 청해야 할 사람은 누구인가요?(14:12-14)

①부한 이웃 ②형제 ③**갚을 것이 없는 사람** ④친척

107. 잔치에 청함 받은 사람들의 핑계가 아닌 것은 무엇인가요?(14:18-20)

①**일이 많다** ②소 샀다 ③밭 샀다 ④장가들었다

108. 청함을 받은 이들이 오지 않자, 주인이 종을 보낸 곳은 어디인가요?(14:23)

①동네 ②청함 받은 자의 집

③**길, 산울타리** ④사람들이 많은 곳

109. 제자가 되기 위하여 미워해야 할 것이 아닌 것은 무엇인가요?(14:26)

①부모와 처자 ②형제와 자매 ③자기 목숨 ④**자기 십자가**

110. 망대를 세우려는 사람은 무엇을 점검하나요?(14:28)

①**돈-예산** ②일꾼의 모집 ③재료 ④즐거움

111. 땅에도, 거름에도 쓸 데 없는 것은 무엇인가요?(14:34-35)

①기름 ②녹은 소금 ③흙이 섞인 소금 ④**맛을 잃은 소금**

112. 세리와 죄인들이 예수님께로 오자 누가 원망하였나요?(15:1-2)

①바리새인 ②사두개인 ③서기관 ④**서기관과 바리새인**

113. 어떤 한 사람이 회개할 때, 하나님께서 기뻐하시나요?(15:7)

①세리 ②유대인 ③**죄인** ④바리새인

114. 둘째 아들은 어떻게 하여 재산을 낭비하게 되었나요?(15:13)

①**허랑방탕** ②돈을 헛되게 씀 ③흉년 ④돼지를 침

115. 둘째 아들은 누구에게 죄를 지었다고 고백하리라 했나요?(15:18)

①아버지 ②형님 ③하늘 ④**하늘과 아버지**

116. 돌아온 아들에게 제일 좋은 옷을 입게 한 사람은 누구인가요?(15:22)

①종들 ②**아버지** ③제사장 ④맏아들

117. 맏아들은 어디 있다가 집으로 돌아 왔나요?(15:25)

①**밭에서 일을 하다** ②쉼 ③친구들과 노는 곳 ④친구들의 집

118. 돌아온 아들을 기뻐하여 잔치를 베풀자, 맏아들은 마음은?(1528)

①즐거워함 ②동생을 사랑함

③**아버지에게 화를 냄** ④투덜거림

119. 둘째 아들이 돌아오자, 아버지는 어떻게 생각하였나요?(15:32)

①**잃었다가 얻음** ②고생을 함

③불쌍히 여김 ④밥을 주려 함

120. 청지기는 땅을 파자니 힘이 없고, 빌어먹자니 어떠하다고 했나요?(16:3)

①귀찮다 ②**부끄럽다** ③차라리 낫다 ④꿀 곳이 없다

121. 큰 것에도 충성 될 사람은 작은 것에 대한 태도를 어떻게 갖나요?(16:10)

①**충성함** ②쉽게 함 ③작은 만큼 ④적당하게

122. 세상에서 지낼 때, 하나님과 겸하여 섬길 수 없는 것은 무엇인가요?(16:13)

①세상 ②**재물** ③마귀 ④부모

123. 율법과 선지자는 누구의 때까지라고 했나요?(16:16)

①모세 ②사무엘 ③그리스도 ④**요한**

124. 부자의 대문에 누워 있던 거지는 누구였나요?(16:20)

①**나사로** ②나아만 ③삭개오 ④바디매오

125. 부자가 고통 중에 눈을 들어 아브라함의 품을 본 곳은?(16:23)

①지옥 ②무덤 ③**음부** ④불 가운데

126. 살았을 때 고난 받았지만 아브라함의 품에 안긴 사람은?(16:25)

①믿는 사람 ②**나사로** ③착한 일을 한 사람 ④부자

127. 부자는 누가 음부로 오지 않기를 원하였나요?(16:28)

①자기의 부모 ②**자기의 동생들** ③친구들 ④이웃 사람들

128. 형제가 죄를 범하였을 때, 회개하면 어떻게 해주어야 하나요?(17:3)

①들어줌 ②**용서해줌** ③죄를 나무람 ④기도해줌

129. 명령을 받은 것을 다 행한 후에, 어떤 자세를 가져야 하나요?(17:10)

①**무익한 종이라** ②명한대로 했다

③힘이 들었다 ④참고 해내었다

130. 한 마을에서 예수님께 고침을 받은 나병환자는 모두 몇 명인가?(17:12)

①5 명 ②**10 명** ③12 명 ④1 명

131. 나병에서 나은 것을 안 사람은 어떻게 했나요?(17:16)

①기뻐함 ②**예수님께 감사함** ③예수님을 따름 ④제자가 됨

132. 예수님은 하나님의 나라가 어디에 있다고 하셨나요?(17:21)

①천국에 ②**너희의 마음에** ③보이지 않는 곳에 ④하늘에

133. 어느 때, 먹고 마시고 장가들고 시집가더니 다 멸망을 당했나요?(17:27)

①아브라함의 ②**노아의** ③에서의 ④롯의

134. 소돔이 멸망을 당한 것처럼 되는 것은 누가 나타날 때인가요?(17:29-30)

①헤롯 임금 ②거짓 선지자

③**인자** ④삯군 목자

135. 무엇이 있는 곳에 독수리가 모인다고 하였나요?(17:37)

①죽음 ②**주검** ③멸망 ④생명

136. 자기에게 원한이 있어 재판장을 번거롭게 한 사람은 누구인가요?(18:5)

①부자 ②세리 ③종 ④**과부**

137. 세상에 다시 올 때, 믿음을 보기 원하시는 분은 누구인가요?(18:8)

①**예수님** ②성령님 ③세례 요한 ④이사야

138. 누가 토색, 불의, 간음 하는 자들과 같지 않다고 기도했나요?(18:11)

①죄인 ②**바리새인** ③세리 ④율법사

139. 사람들이 예수님의 만져 주심을 바라고 누구를 데려왔나요?(18:15)

①병자 ②죄인 ③귀신들린 자 ④**어린 아기**

140. 어린 아이와 같이 받아들여야만 들어가는 곳은 어디인가요?(18:17)

①임금이 궁전 ②**하나님의 나라** ③제자들의 모임 ④성전

141. 영생을 묻는 관리에게 아직도 한 가지 부족하다고 한 것은?(18:22)

①**구제하라** ②계명을 지켜라

③부모를 공경하라 ④겸손하라

142. 사람이 할 수 없는 것을 누가 할 수 있다고 하셨나요?(18:27)

①예수님 ②**하나님** ③천사 ④성령

143. 하나님의 나라를 위하여 버리면 내세에 무엇을 받을까요?(18:30)

①높은 자리 ②재물 ③권세 ④**영생**

144. 여리고에 사는 자로서 세리장이요 부자는 누구인가요?(19:2)

①나사로 ②**삭개오** ③니고데모 ④바디매오

145. 삭개오는 속여서 빼앗은 일이 있으면 몇 배로 갚겠다고 했나요?(19:8)

① 한 갑절 ②세 갑절 ③**네 갑절** ④다섯 갑절

146. 인자가 온 것은 어떤 자를 찾아 구원하려 함이셨나요?(19:10)

①유대인 ②의로운 사람 ③착한 사람 ④**잃어버린 자**

147. 한 므나를 받았던 자는 그것을 어디에 두었나요?(19:20)

①**수건으로 싸둠** ②서랍에 보관함 ③바닥에 감춤

148. 사람들이 침묵하면 무엇들이 소리 지르리라고 하셨나요?(19:40)

①성 들 ②**돌 들** ③아이들 ④제자들

149. 평화에 관한 일을 알지 못하여 예수님이 우셨던 성은?(19:41-42)

①여리고 성 ②수가 성 ③**예루살렘 성** ④베들레헴 성

150. 성전에는 어떤 사람들이 있어서 예수님이 쫓아내셨나요?(19:45-46)

①**장사하는 자들** ② 제물을 바꾸어주는 자들 ③ 소란를 피우는

151. 대제사장들, 서기관들, 지도자들은 예수님을 어떻게 하려했나요?(19:47)

①고소하려 함 ②**죽이려 함** ③쫓아내려 함 ④비방함

152. 종교 지도자들이 예수님의 하시는 일에 대하여 무어라고 물어보았나요?(20:2)

①**무슨 권위로** ②네가 누구이기에

③귀신이냐 ④무슨 능력으로

153. 소출을 받으려고 종을 농부들에게 보낸 사람은 누구인가?(20:10-13)

①임금 ②**포도원의 주인** ③예수님 ④성전의 감독자

154. 서기관들, 대제사장들이 예수님을 책잡으려고 쓴 방법은?(20:20)

①의인들을 보냄 ②논쟁을 벌임 ③**정탐을 보냄** ④다툼

155. 부활이 없다고 주장하는 자들은 누구인가요?(20:27)

①바리새인 ②**사두개인** ③대제사장 ④서기관들

156. 부활함을 얻을 자들은 누구와 동등하다고 하였나요?(20:36)

①하나님 ②영 ③**천사** ④아브라함

157. 하나님은 어떤 자의 하나님이라 하셨나요?(20:38)

①믿지 않는 자 ②**살아있는 자**

③죽은 자 ④하나님을 떠난 자

158. 옛날에 다윗은 누구에게 주라고 칭하였나요?(20:44)

①임금 ②하나님 ③성전의 감독자 ④**그리스도**

159. 외식으로 길게 기도하는 자들은 누구인가요?(20:46-47)

①바리새인 ②율법사들 ③**서기관들** ④성전을 지키는 자들

160. 예수님께서 가난한 과부의 헌금을 칭찬하신 까닭은 무엇인가요?(21:4)

①**생활비 전부** ②자기 돈 ③겸손한 자세 ④전 재산

161. 이 일이 먼저 있어야 하되, 끝은 곧 아니라고 하신 일은?(21:9)

①지진과 기근 ②전염병의 창궐

③**난리와 소요** ④각 나라의 전쟁

162. 신자들은 무엇 때문에 사람들로부터 핍박을 받게 되나요?(21:12)

①**예수님의 이름** ②복음을 전함 ③불의를 거절

163. 우리는 무엇으로 자기의 영혼을 얻으리라고 하셨나요?(21:19)

①순종 ②계명을 사랑함 ③**인내** ④이웃 사랑

164. 세상에 임할 일을 생각할 때 어떻게 되나요?(21:26)

①정신이 나감 ②헛소리를 냄 ③**기절함** ④다툼

165. 천지는 없어지겠으나 무엇은 없어지지 않는가요?(21:33)

①**예수님의 말씀** ②모퉁이 돌 ③선지자들의 말 ④성전

166. 방탕함, 술취함, 생활의 염려는 마음을 어떻게 하나요?(21:34)

①예민하게 ②**둔하게** ③긴장하게 ④두렵게

167. 예수님은 밤에는 쉬시려고 주로 어디로 가셨나요?(21:37)

①**감람원** ②겟세마네 ③베다니 ④나사렛

168. 예수님의 제자들 중에, 가룟 사람 유다에게 들어간 것은?(22:3)

①**사탄** ②게으름 ③돈에 대한 유혹 ④미움

169. 예수님이 베드로와 요한을 성내의 한 집으로 보낸 것은?(22:8)

①오순절을 지킴 ②**유월절을 예비함**

③식탁의 준비 ④씻기 위해서

170. 예수님은 제자들에게 떡을 주시며 무어라 하셨나요?(22:19)

①**내 몸이라** ②양식이라 ③내 피라 ④내가 주는 떡이라

171. 누구에게 사탄이 밀 까부르듯 하려고 요구하였나요?(22:31)

①빌립 ②가룟 유다 ③**시몬** ④도마

172. 제자들이 겉옷을 팔아서 사야 할 것은 무엇이었나요?(22:36)

①신 ②전대 ③그릇 ④**검**

173. 가룟 유다가 예수님을 넘겨주려고 예수님께 한 행동은?(22:48)

①악수를 청함 ②손으로 신호 ③**입맞춤** ④눈짓으로 가리킴

174. 예수님이 잡히시자, 멀리서 따라 간 제자는 누구인가요?(22:54)

①요한 ②야고보 ③가룟 유다 ④**베드로**

175. 군병들은 예수님의 눈을 가리고 희롱하며 무어라 했나요?(22:64)

① 제사장 노릇하라 ② **선지자 노릇하라** ③ 임금 노릇하라

176. 갈릴리는 사람들은 누구의 관할을 받고 지내었나요?(23:7)

①가이사 ②**헤롯** ③빌라도 ④가야바

177. 헤롯이 예수님을 보자, 무엇을 보려는 마음이 가득했나요?(23:8)

①**이적을 행하심** ②헤롯에게 절함

③웃음거리 ④권세를 보기원함

178. 민란이 일어나고, 살인으로 옥에 갇힌 자는 누구였나요?(23:19)

①바나바 ②바돌로메 ③바예수 ④**바라바**

179. 십자가를 지고 예수님을 따랐던 시몬은 어디에서 왔나요?(23:26)

①나사렛 ②가버나움 ③**구레네** ④에디오피아

180. 로마 군병들이 예수님 십자가에 못 박은 곳은 어디인가요?(23:33)

①갈멜산 ②**해골이라 하는 곳** ③박석 ④감람산

181. 예수님께서 십자가에 달렸을 때, 명패에 쓰인 것은 무엇인가요?(23:38)

①**유대인의 왕** ②심판의 왕 ③새 임금 ④만왕의 왕

182. 그때, 제육시에서 제구시까지 온 땅에 임하였던 것은?(23:44)

①먹구름 ②**어두움** ③새 빛 ④천둥소리

183. 예수님의 시체를 장사지낸 공회의원은 누구인가요?(23:50)

①유다 ②니고데모 ③빌립 ④**아리마대 요셉**

184. 여자들이예수님을 위하여 향품을 가지고 무덤에 간 때는?(24:1)

①안식일 ②예비일 ③**안식 후 첫날** ④안식 후 사흘에

185. 산 자를 죽은 자 가운데서 찾느냐고 말한 이들은 누구인가요?(24:5)

①**두 명의 천사** ②로마 군병 ③무덤을 지키는 자 ④감독자

186. 두 사람이 예수님의 죽으심을 말하면서 가던 곳은 어디인가요?(24:13)

①여리고 ②**엠마오** ③베다니 ④가버나움

187. 엠마오로 가는 길의 두 사람 중 한 사람의 이름은 무엇인가요?(24:18)

①사울 ②아나니아 ③**글로바** ④요안나

188. 예수님께서 떡을 떼어 주실 때, 두 사람이 경험한 것은 무엇인가요?(24:32)

①**마음이 뜨거워짐** ②귀가 열림

③신비로워짐 ④눈이 밝아짐

189. 부활하신 예수님께서 제자들에게 오시자, 그들의 반응은?(24:37)

①**예수님의 영으로 여김** ②귀신으로 여김

③헛것이 보임 ④숨어버림

190. 죄 사함을 얻게 하는 회개는 어디에서부터 시작된다고 하셨나요?(24:47)

①유대 ②갈릴리 ③**예루살렘** ④이스라엘

191. 제자들은 무엇으로 입혀질 때까지 예루살렘에 있어야하나요?(24:49)

①**능력** ②권능 ③사랑 ④새 힘

요한복음

1. 말씀은 언제부터 하나님과 함께 계셨나요?(1:1)

①천지창조시 ②만물이 지어진 후에 ③**태초에** ④첫째 날에

2. 하나님의 자녀가 되는 권세는 언제 주시나요?(1:12)

①**예수님을 믿으면** ②세례 받을 때

③회개하면 ④하나님의 뜻대로

3. 예수님으로 말미암은 것은 무엇인가요?(1:17)

①믿음, 소망, 사랑 ②**은혜와 진리** ③율법 ④성경

4. '광야에서 외치는 자의 소리'라는 별명의 주인은 누구인가요?(1:23)

①모세 ②엘리야 ③선지자 ④**요한**

5. 예수님은 무엇을 지고 가는 하나님의 어린 양이라고 했나요?(1:29)

①너의 죄 ②우리의 죄 ③**세상의 죄** ④모든 죄

6. 요한이 말한 메시야라는 단어는 무슨 뜻인가요?(1:41)

①랍비 ②게바 ③**그리스도** ④베드로

7. 이스라엘 사람으로서 그 속에 간사한 것이 없는 사람은?(1:47)

①**나다나엘** ②안드레 ③빌립 ④베드로

8. 가나에 있는 혼례 집에서 떨어졌던 것은 무엇이었나요?(2:3)

①손님에게 줄 음식 ②음료 ③**포도주** ④손님을 대접하는 물

9. 혼례와 관련된 유대인의 결례는 집에 무엇을 두게 했나요?(2:6)

① 발을 씻는 그릇 ② 손을 씻는 그릇

③손님이 수저 ④**돌 항아리**

10. 물로 된 포도주가 어디서 났는지 아는 자들은 누구였나요?(2:9)

①집의 주인 ②**물떠 온 하인들** ③손님들 ④연회장

11. 성전 안에서는 제물에 쓰여 질 무엇을 팔았나요?(2:14)

①**소, 양, 비둘기** ②양, 비둘기, 까마귀 ③소, 양 ④양, 염소

12. 성전을 무엇을 하는 집을 만들지 말라 하셨나요(2:15-18)

①남을 속이는 ②놀음 ③**장사** ④먹고, 마시는

13. 예수님은 사람들에게 무엇을 헐라고 하셨나요?(2:21)

①**성전** ②예루살렘의 궁 ③회당 ④교회

14. 사흘 만에 성전을 다시 일으킨다는 말씀은 누구를 말하나요?(2:21)

①선지자들 ②**예수님** ③제사장 ④랍비들

15. 사람들이 보고, 예수님의 이름을 믿게 된 것은 무엇인가요?(2:23)

①말씀의 권세 ②예수님의 권세

③**행하는 표적** ④예수님의 외모

16. 니고데모는 바리새인으로서 누구였나요?(3:1)

①**유대인의 지도자** ②유대인 학자 ③유대인의 원로

17. 광야에서 뱀을 들었던 사람은 누구였나요?(3:14)

①아론 ②**모세** ③여호수아 ④갈렙

18. 하나님이 세상을 이처럼 사랑하사 우리에게 주신 것은?(3:16)

①성경 ②죄 사함 ③**독생자** ④영생

19. 사람들은 자기 행위가 악해서 무엇을 더 사랑했나요?(3:19)

①빛 ②별빛 ③**어둠** ④달빛

20. 빛으로 오는 사람이 좇는 것은 무엇이라 하였나요?(3:21)

①은혜 ②**진리** ③믿음 ④말씀

21. "그는 흥하여야 하겠고 나는 쇠하여야"는 누가 한 말인가요?(3:27,30)

①야고보 ②요셉 ③이사야 ④**세례 요한**

22. 하늘로서 오시는 이는 어디에 계신다고 하였나요?(3:31)

①성전에 ②믿는 자의 심령에 ③**만물 위에** ④하늘에

23. 아들에게 순종하지 않는자가 받는 것은 무엇인가요?(3:36)

①영생을 얻음 ②저주를 받음

③**하나님의 진노가 임함** ④벙어리가 됨

24. 예수님은 길을 가시다 지쳐 어디에서 기대어 앉으셨나요?(4:6)

①길의 모퉁이 ②집 앞 ③**우물 곁** ④동네의 한적한 데

25. 영생하도록 솟아나는 샘물이 되는 것은 누가 주나요?(4:14)

①땅속으로부터 ②**예수님** ③하늘로부터 ④성령

26. 수가성의 여자는 예배할 곳이 어디에 있다고 하였나요?(4:20)

①예루살렘 ②베들레헴 ③**사마리아** ④수가

27. 하나님은 누구시기에 영과 진리로 예배해야 하나요?(4:24)

①**영** ②진리 ③의 ④창조주

28. 예수님은 여자에게 자기를 누구라고 밝히셨나요?(4:25-26)

①하나님의 아들 ②이스라엘의 기다리는 자 ③**메시야**

29. 여자의 예수님에 대한 증언에 동네 사람들의 반응은?(4:39)

①**예수님을 믿음** ②예수님께 호감

③예수님께 나옴 ④여자를 믿음

30. 사마리아에 함께 있기를 청하자, 예수님이 머무신 기간은?(4:40)

①하루 ②**이틀** ③사흘 ④나흘

31.왕의 신하의 아들을 살려주심은 갈릴리에서 몇 번째 표적인가?(4:54)

①셋번 째 ②**두번 째** ③다섯번 째 ④네번 째

32. 베데스다 못에는 얼마나 오래 된 병자가 있었나요?(5:2,5)

①7년 된 ②9년 된 ③**38년 된** ④12년 된

33. 안식일에, 예수님께 고침을 받은 병자는 누구인가요?(5:5,9)

①혈루증 병자 ②저는 자 ③맹인 ④**38년 된 병자**

34. 예수님이 안식일에 병을 고치자 유대인들의 태도는 어떠했나요?(5:16)

①**박해하다** ②다투다 ③미워하다 ④훼방하다

35. "아버지께서 일하시니 나도 일한다"는 누구의 말인가?(5:17)

①율법사 ②바리새인 ③**예수님** ④제자들

36. 믿는 자는 무엇을 얻고, 어디에 이르지 않나요?(5:24)

①**영생, 심판** ②천국, 지옥 ③영생, 영벌 ④병 고침, 죽음

37. 무엇을 한 사람이 심판의 부활로 나온다고 하였나요?(5:29)

①믿는 자 ②선한 일 ③**악한 일** ④불신자

38. 성경은 누구에 대하여 사람들에게 알려주는 책인가요?(5:39)

①하나님 ②선지자 ③제자들 ④**예수님**

39. 모세의 글을 믿지 않아서 누구의 말도 믿지 못하나요?(5:47)

①제사장 ②선지자 ③**예수님** ④제자들

40. 빌립은 사람들에게 떡을 주려면 떡이 얼마나 부족하다고 하였나요?(6:7)

①천 데나리온 ②백 데나리온

③오십 데나리온 ④**이백 데나리온**

41. 보리떡 다섯 개로 먹고 남은 조각은 얼마나 되었나요?(6:13)

①일곱 바구니 ②열 바구니 ③열한 바구니 ④**열두 바구니**

42. 제자들이 얼마쯤 갔을 때 예수님이 물위로 걸어 오셨나요?(6:19)

①오리쯤 ②**십여 리쯤** ③이십 여리쯤 ④삼십 여리쯤

43. 우리가 하나님의 일을 하려 한다면 무엇을 해야 하나요?(6:29)

①**보내신 이를 믿는 것** ②전하는 것

③따르는 것 ④순종하는 것

44.하나님의 떡은 하늘에서 내려 세상에 무엇을 주려 하나요?(6:33)

①말씀 ②**생명** ③축복 ④성령

45. 예수님께서 말씀을 하실 때 '내 피'는 무어라 하셨나요?(6:55)

①참된 양식 ②**참된 음료** ③참된 생명 ④참된 용서

46. 살리는 것은 영이기 때문에, 육은 어떠하다고 하셨나요?(6:63)

①유익함 ②주의해야 ③삼가야 ④**무익함**

47. 영생의 말씀이 주께 있다고 대답한 사람은 누구인가요?(6:68)

①**베드로** ②안드레 ③빌립 ④요한

48. 초막절이 가까웠는데, 예수님은 어디에 머물러 계셨나요?(7:1-2)

①가버나움 ②벳세다 ③**갈릴리** ④나사렛

49. 유대인들은 명절이 되면 어디로 가야 했나요?(7:8)

①**예루살렘 성전** ②요단강 ③다윗 성 ④베들레헴

50. 명절의 중간이었을 때, 예수님은 어디에서 가르치셨나요?(7:14)

①동네 어귀 ②사람들이 많은 곳

③**성전** ④우물가

51. 외모로 판단하지 말고 어떻게 판단하라 하셨나요?(7:24)

①속으로 ②행함으로 ③**공의롭게** ④말씀으로

52. 누구든지 목마르거든 누구에게로 가서 마셔야 하나요?(7:37)

①세례 요한 ②하나님 ③모세 ④**예수님**

53. 예수님을 믿으면 그 배에서 흘러나오는 것은 무엇인가요?(7:38)

①영생수 ②영생의 강 ③생수 ④**생수의 강**

54. 구약시대에, 다윗이 살던 마을은 어디였나요?(7:42)

①**베들레헴** ②예루살렘 ③나사렛 ④가버나움

55. 갈릴리에서는 선지자가 나올 수 없다고 여긴 사람들은?(7:48,52)

①율법사 ②옛 선지자 ③**바리새인** ④로마 사람들

56. 죄 없는 자가 먼저 돌로 치라 할 때, 사람들이 떠난 이유는?(8:9)

①어이가 없어 **②죄가 있어서**

③돌이 없어서 ④성령의 감동으로

57. 예수님이 "다시는 죄를 범하지 말라"라고 하신 여자는?(8:3,11)

①귀신들린 여자 **② 간음한 여자** ③도둑질한 여자

58. 예수님을 따르면 어둠에 다니지 않고, 어떤 빛을 얻나요?(8:12)

①진리의 빛 **②생명의 빛** ③영생의 빛 ④자유의 빛

59. 사람은 세상에 속하였는데, 누가 세상에 속하지 않았나요?(8:23)

①선지자들 ②유대인들 **③예수님** ④아브라함의 후손

60. 사람은 죄 가운데서 어떻게 된다고 하였나요?(8:24)

①살리라 ②회복되리라 ③영생에 이름 **④죽으리라**

61. 무엇이 사람을 자유롭게 하리라 하셨나요?(8:32)

①예수 ②복음 ③말씀 **④진리**

62. 처음부터 살인한 자요, 거짓말쟁이는 누구인가요?(8:44)

①마귀 ②사탄 ③바알세불 ④뱀

63. 예수님의 말씀을 지키면 무엇을 영원히 보지 않나요?(8:51)

①**죽음** ②이별 ③멸망 ④심판

64. 하나님께서 하시는 일을 누구를 통해 나타내려 하셨나요?(9:1,3)

①**날때 부터 맹인** ②유대인들

③제자들 ④맹인의 부모

65. 진흙을 이겨 자신의 눈에 발라진 사람은 누구였나요?(9:6)

①예수님 ②제자들 ③**맹인** ④제사장

66. '보냄을 받았다'는 뜻을 가진 말의 이름은 무엇인가요?(9:7)

①베데스다 ②랍비 ③**실로암** ④보아너게

67. 유대인들은 누가 안식을 지키지 않았다고 하였나요?(9:16)

①맹인 ②맹인의 부모 ③제자들 ④**예수님**

68. 고침을 받은 맹인의 아버지는 누구를 무서워하였나요?(9:18,22)

①예수님 ②**유대인들** ③제자들 ④제사장

69. 유대인들은 자신들이 누구의 제자라 하였나요(9:28)

①선지자 ②사무엘 ③**모세** ④아론

70. 세상을 심판하려고 이 세상에 온 사람은 누구인가요?(9:39)

①율법사 ②유대인들 ③제자들 ④**예수님**

71. 예수님께서 맹인이 되었다면 죄가 없을 거라 한 사람들은?(9:40-41)

①**바리새인들** ②종교지도자들

③서기관들 ④율법사들

72. 문이 아니고, 다른 데로 양의 우리에 들어가는 자는 누구인가요?(10:1)

①예수님 ②**절도, 강도** ③마귀, 사탄 ④선한 목자

73. 예수님은 자기를 가리켜서 어떤 문이라 하셨나요?(10:7)

①천국의 문 ②**양의 문** ③왕의 문 ④성전의 문

74. 예수님의 오심은 양으로 무엇을 얻게 하려 하심인가요?(10:10)

①진리 ②**생명** ③천국 ④성령

75. 자기의 양이 아닌 목자는 누구인가요?(10:12)

①선한 목자 ②노예 목자 ③아들 목자 ④**삯군 목자**

76. 하나님은 무엇보다 크다고 하셨나요?(10:29)

①우주 ②**만물** ③세상 ④세계

77. "나와 아버지는 하나이니라"는 누구의 말인가요?(10:30)

①**예수님** ②유대인들 ③제자들 ④제사장

78. 말씀을 받은 사람들은 무엇을 폐하지 못한다고 하셨나요?(10:35)

①말씀 ②생명 ③영생 ④**성경**

79. 아무 표적도 행하지 않은 사람은 누구였나요?(10:41)

①모세 ②**세례 요한** ③예수님 ④엘리야

80. 마리아, 마르다, 나사로는 어디에서 살고 있었나요?(11:1)

①거라사 ②가버나움 ③여리고 ④**베다니**

81. 누구의 죽음이 하나님의 영광을 나타내기 위함이었나요?(11:4)

①마리아 ②마르다 ③**나사로** ④요한

82. 사람이 낮에 다니면 빛을 보므로 어떻게 되나요?(11:9)

①**실족하지 않음** ②빨리 갈 수 있음

③부딪치지 않음 ④구경을 함

83. "우리도 주와 함께 죽으러 가자"는 누가 한 말인가요?(11:16)

①베드로 ②야고보 ③**도마** ④요한

84. 나사로는 무덤에 있은 지 며칠 만에 살아났나요?(11:17)

①하루 ②이틀 ③사흘 ④**나흘**

85. 믿는 자가 죽어도 사는 것은 예수님이 어떤 분이시기 때문인가요?(11:25)

①진리와 생명 ②생명과 빛 ③영생과 구원 ④**부활과 생명**

86. 예수님은 나사로를 어떻게 살려주셨나요?(11:43)

①**큰 소리로** ②기도로 ③들어가서 ④시체에 손을 대고

87. 유대인들이 유월절 전에 예루살렘으로 올라간 까닭은?(11:55)

①절기 지키려 ②습관적으로

③**성결하게 하려고** ④제사 지내려고

88. 마리아가 예수님의 발에 부어드린 것은 어떤 향유였나요?(12:3)

①보통의 것 ②**매우 비싼 것** ③아주 귀한 것 ④질이 나쁜 것

89. 어떤 나무가지로 호산나 찬송을 하며 주님을 맞이했나요?(12:13)

①감람나무 ②**종려나무** ③버드나무 ④무화과나무

90. 무엇이 땅에 떨어져 죽으면 많은 열매를 맺나요?(12:24)

①보리 ②쌀 ③**밀** ④씨

91. 세상에서 자기의 생명을 미워하면 어떻게 보전되나요?(12:25)

①**영생하도록** ②이 땅에서 영원함

③상을 받음 ④천국의 약속

92. 빛이 있을 동안에 빛을 믿으면 무엇이 된다고 하였나요?(12:36)

①빛의 아비 ②**빛의 아들** ③빛의 자녀 ④빛의 백성

93. 사람들이 예수님을 믿지 않음은 누구의 말이 이루어졌나요?(12:38)

①엘리야 ②**이사야** ③예레미야 ④말라기

94. 예수님을 믿는 것은 곧 누구를 믿는 것이라 했나요?(12:44)

①제사장 ②**하나님** ③선지자 ④율법사

95. 예수님은 자의로 말씀하지 않고, 누구의 뜻대로 하셨나요?(12:49)

①**하나님** ②예레미야 ③다윗 ④대제사장

96. 가룟 유다의 마음에 예수님을 팔려는 생각을 넣은 자는?(13:2)

①대제사장 ②**마귀** ③바래시인들 ④서기관

97. 자기의 발을 절대로 씻어주실 수 없다고 한 제자는?(13:8)

①빌립 ②요한 ③**베드로** ④도마

98. 예수님은 무슨 자격으로 제자들의 발을 씻긴다고 하셨나요?(13:14)

①**주와 선생** ②그리스도 ③선생 ④스승

99. 예수님께서 보낸 자를 영접하면 누구를 영접함이 되나요?(13:20)

①**예수님** ②제자들 ③선지자 ④율법사

100. 예수님께 떡을 받자, 사탄이 마음에 들어간 사람은 누구인가요?(13:27)

①야고보 ②**가룟 유다** ③베드로 ④도마

101. 유다가 떡 한 조각을 받고 나간 때는 언제였나요?(13:30)

①대낮 ②아침 ③**밤** ④저녁

102. 서로 사랑하면 사람들이 우리를 누구로 안다고 하셨나요?(13:35)

①**예수님의 제자** ②하나님이 자녀 ③천국 백성 ④의인

103. 닭이 울기 전에 예수님을 부인할 제자는 누구였나요?(13:38)

①요한 ②도마 ③**베드로** ④야고보

104. 신자가 그 마음에 근심하지 않게 되는 까닭은 무엇때문인가요?(14:1)

①구원 받아 ②성령을 받아

③**하나님을 믿어서** ④죄를 사함 받아

105. "주여 아버지를 우리에게 보여 주옵소서"라고 한 제자는?(14:8)

①도마 ②**빌립** ③안드레 ④요한

106. 우리가 기도할 때, 무엇으로 구해야 받을 수 있나요?(14:13)

①**예수님의 이름** ②예수님의 뜻 ③성경 말씀 ④순종

107. 너희가 나를 사랑하면 나의 무엇을 지키리라고 하셨나요?(14:15)

①**계명** ②말씀 ③사랑 ④율법

108. 예수님께서 우리를 고아처럼 버려두지 않으시는 증거는?(14:18)

①천국을 주심 ②**우리에게 오심**

③복을 받게 하심 ④기도에 응답

109. 하나님께서 주님의 이름으로 세상에 보내주시는 것은?(14:26)

①**성령** ②하나님의 나라 ③심판 ④하나님의 일

110. 세상이 주는 것과 다른 예수께서 주시는 이것은 무엇인가?(14:27)

①사랑 ②기쁨 ③감사 ④**평안**

111. 세상의 임금에 대하여 예수님은 무엇이 없다고 하셨나요?(14:30)

①인정하는 것 ②**관계할 것** ③신경을 씀 ④서로 협력함

112. 내가 참 포도나무요, 내 아버지는 무엇이라 하셨나요?(15:1)

①**농부** ②가지 ③밭 ④열매

113. 예수님이 포도나무시라면 우리는 무엇인가요?(15:5)

①열매 ②뿌리 ③**가지** ④잎

114. 무엇이 많이 있을 때, 하나님께서 영광을 받으시나요?(15:8)

①사랑 ②제자 ③**열매** ④계명

115. 예수님은 제자들이 어디에 있기를 원하셨나요?(15:9)

①하늘나라 ②교회의 사랑

③**주님의 사랑** ④진리

116. 누구를 위하여 목숨을 버리면 이보다 더 큰 사랑이 없나요?(15:13)

①부모 ②친척 ③가족 ④**친구**

117. 사람들이 제자들을 미워하면 먼저 누구를 미워함인가요?(15:18)

①**예수님** ②제자들의 가족 ③교회 ④진리

118. 주인보다 크지 못한 사람은 누구인가요?(15:20)

①일꾼 ②**종** ③어린아이 ④주인의 자녀

119. 제자들은 주님과 언제부터 함께 있었나요?(15:27)

①길가에서 ②만세 전부터 ③**처음부터** ④바닷가에서

120. 예수님이 하나님께로 간다고 하시자, 제자들의 마음에 생긴것은?(16:6)

①서운함에 슬픔 ②**근심이 가득**

③걱정이 앞섬 ④집으로 갈 생각

121. 죄, 의, 심판에 대하여 세상을 책망하시는 분은 누구인가요?(16:8)

①예수님 ②**성령** ③하나님의 말씀 ④전도자의 음성

122. 진리의 성령이 오시면 믿는 자들을 어디로 인도하시나요?(16:13)

①성령 ②천국 ③**진리** ④교회

123. '너희 근심이' 도리어 무엇이 되리라 하셨나요?(16:20)

①감사 ②더 큰 근심 ③찬송 ④**기쁨**

124. 예수님의 이름으로 구하면 얻어 지는 것은 무엇인가요?(16:24)

①사랑이 넘침 ②**기쁨이 충만** ③소망이 넘침 ④평안이 넘침

125. 예수님을 믿으면 누구로부터 사랑을 받나요?(16:27)

①**하나님** ②천국 ③선지자들 ④제자들

126. 예수님은 자신이 어디에서 나와 세상에 왔다고 하셨나요?(16:28)

①나사렛에서 ②베들레헴에서

③**하나님께로서** ④마리아의 몸에서

127. 예수님께서 세상을 이기셨으므로 환란을 당할때 갖는 마음은?(16:33)

①소망을 가짐 ②**담대하라** ③슬기로움 ④주님을 믿음

128. 예수님께서 만민을 다스리는 권세를 가지시게 된 이유는?(17:2)

①생명을 주려고 ②구원을 주려고 ③**영생을 주려고** ④축복

129. 유일하신 참 하나님과 예수님을 아는 것은 무엇인가요?(17:3)

①구원 ②**영생** ③생명 ④은혜

130. 예수님께서는 자기의 것이 본래 누구의 것이라 하셨나요?(17:10)

①**하나님** ②제자들 ③믿는 사람들 ④천국

131. 믿는 자들을 어떻게 하여 그들이 하나가 되기를 원하셨나요?(17:11)

①보호 ②기록 ③역사 ④**보전**

132. 악에 빠지지 않게 보전되기를 위한 기도는 누가 했나요?(17:15)

①제자들 ②성전의 감독자 ③바리새인들 ④**예수님**

133. 믿는 자들이 무엇으로 거룩하게 해달라고 하셨나요?(17:17)

①거룩 ②**진리** ③말씀 ④성령

134. 예수님께서는 따르며, 믿는 자들에게 무엇을 주셨나요?(17:22)

①**영광** ②권세 ③주권 ④능력

135. 예수님은 자기를 따르는 자들에게 무엇을 알게 하셨나요?(17:26)

①기도하는 법 ②**하나님의 이름**

③영생의 진리 ④하나님의 나라

136. 기드론 시내 건너 예수님이 제자들과 자주 모이던 곳은?(18:1)

①**동산** ②성전 ③골짜기 ④마을

137. 가룟 유다와 함께 온 자들이 가지고 온 것이 아닌 것은?(18:3)

①등 ②횃불 ③무기 ④**율법**

138. 칼을 빼어 대제사장의 종을 쳐, 오른편 귀를 벤 제자는?(18:10)

①빌립 ②**베드로** ③야고보 ④말고

139. 예수님을 잡은 사람들은 예수님을 묶어 누구에게 갔나요?(18:13)

①안디바 ②가브리엘 ③**안나스** ④엘리사벳

140. 베드로가 두 번째로 예수님을 부인한 후에 벌어진 일은?(18:27)

①**닭이 울음** ②도망을 감 ③사람들이 웅성거림

141. 당시에, 유대인에게는 어떤 권한이 없었나요?(18:31)

①고소권 ②**사람을 죽이는** ③재판권 ④죄인을 풀어주는

142. 빌라도는 예수님께 무엇에 대하여 물었나요?(18:38)

①사랑 ②**진리** ③믿음 ④은혜

143. 예수님을 대신하여 놓아준 강도는 누구인가요?(18:40)

①**바라바** ②바나바 ③바요나 ④바예수

144. 군인들이 예수님께 씌어드리려고 관을 엮은 나무는?(19:2)

①**가시나무** ②가시떨기 ③종려가지 ④뽕나무

145. 유대인들은 예수님이 어떤 죄가 있다고 고소하였나요?(19:7)

①반란 ②사람들 선동

③유대인들을 비난 ④**하나님의 아들**

146. 빌라도가 예수님을 재판할때, 예수님을 끌고 간곳은 어디인가요?(19:13)

①유대인의 회당 ②**돌로 깐 뜰(가바다)** ③총독의 집 ④광장

147. 십자가를 지신 예수님께서 나아가신 곳은 어디인가요?(19:17)

①갈보리 ②**골고다** ③아골 골짜기 ④빈들

148. 군인들은 예수님의 무엇을 제비 뽑아 가졌나요?(19:23-24)

①**속옷** ②신발 ③겉옷 ④반지

149. 예수님께서 십자가에 달리셨을 때, 곁에 있던 여인은?(19:25)

①요한의 어머니 ②요안나 ③**막달라 마리아** ④마르다

150. 예수님의 몸에서 피와 물이 나온 이유는 무엇인가?(19:34)

①다리를 꺾어서 ②**창으로 옆구리를 찔러**

③못 박을 때 ④때릴 때

151. 몰약과 침향 섞은 것 백 리트라쯤 가져온 사람은 누구인가요?(19:39)

①아리마대 요셉 ②마리아 ③**니고데모** ④가룟 유다

152. 마리아가 무덤에 와 보니 막았던 돌이 어떻게 되었나요?(20:1)

①굳게 닫힘 ②**옮겨짐** ③사라짐 ④부수어짐

153. 여자들은 울다가 무덤 안에서 누구를 만났나요?(20:11-12)

①무덤지기 ②흰 옷 입은 귀신들 ③군병들 ④**두 명의 천사**

154. 예수님이 하늘로 아직 올라가시기 전에 마리아에게 한 말은?(20:17)

①**만지지 말라** ②떠들지 말라 ③가까이 말라 ④울지 말라

155. 제자들이 두려움중에 모인 곳에 예수님이 나타나신 때는?(20:19)

①안식일 ②안식 후 첫날 아침

③유월절 ④**안식 후 첫날 저녁**

156. 예수님이 제자들에게 숨을 내쉬며 받으라고 하신 것은?(20:22)

①**성령** ②평안 ③죄 사함 ④사랑

157. 예수님께서 부활하신 것을 믿지 못하겠다고 말한 한 제자는?(20:25)

①베드로 ②빌립 ③안드레 ④**도마**

158. 예수님께서 부활하신 것을 만져 보고 믿는 자가되라 하신 제자는?(20:27)

①**도마** ②베드로 ③안드레 ④야고보

159. 예수님이 그리스도이심을 믿게 하려고 요한이 무엇을 하였나요?(20:31)

①**성경을 기록함** ②일기를 씀 ③전도함 ④이야기를 전함

160. 베드로와 함께 디베랴 바다에 있던 제자들의 숫자는 몇 명 인가?(21:2)

①아홉 명 ②다섯 명 ③**일곱 명** ④열 명

161. 예수님은 그물을 배의 어느 곳으로 던지라 하셨나요?(21:6)

①**오른 편** ②왼 편 ③아래 쪽 ④윗 쪽

162. 베드로가 잡아서 끌어올린 고기는 모두 몇 마리였나요?(21:11)

①121마리 ②131마리 ③**153마리** ④163마리

163. 예수님은부활후 디베랴에서 제자들에게 몇 번째로 나타나셨나요?(21:14)

①첫 번째 ②두 번째 ③**세 번째** ④네 번째

164. 내 양을 먹이라는 주님의 말씀을 들은 제자는 누구인가요?(21:15-17)

①누가 ②야고보 ③**베드로** ④마태

165. 예수님께로부터 '나를 사랑하느냐' 다짐을 받은 제자는?(21:17)

①**베드로** ②요한 ③마리아 ④빌립

166. 남에게는 상관하지 말고 예수님을 따르라 하신 제자는?(21:21-22)

①야고보 ②요한 ③도마 ④**베드로**

167. 이 세상이라도 기록된 것을 다 두기에 부족한 이야기는?(21:25)

①**예수님의 행적** ②하나님의 말씀

③제자들의 행적 ④유대인 역사

사도행전

1. 사도행전은 누구에게 전해주려고 쓴 글인가요?(1:1)

①누가 ②초대교회 ③**데오빌로** ④로마의 황제

2. 예수님께서 제자들에게 약속을 기다리라 하신 곳은 어디인가요?(1:4)

①나사렛 ②골고다 ③**예루살렘** ④안디옥

3. 제자들이 권능을 받고, 증인이 되려면 어떻게 해야 하나요?(1:8)

①**성령** ②세례 ③불 ④말씀

4. 하늘로 가심을 본 그대로 오시는 분은 누구이신가요?(1:11)

①**예수님** ②천사들 ③선지자의 영 ④성령

5. 자신의 몸이 곤두박질하여 배가 터져 창자가 나온 사람은?(1:18)

①빌라도 ②가야바 ③**가룟 유다** ④도마

6. 가룟 유다가 산 밭으로 피밭이라는 뜻을 가진 이름은?(1:19)

①달리다굼 ②**아겔다마**

③임마누엘 ④보아너게

7. 사도의 직무를 대신할 사람으로 제비 뽑힌 사람은 누구인가요?(1:26)

①바나바 ②유스도 ③바사바 ④**맛디아**

8. 하늘로부터 급하고 강한 바람 같은 소리가 있었던 때는 언제인가?(2:1-2)

①유월절 ②**오순절** ③초막절 ④장막절

9. 사람들이 각 사람의 방언으로 듣고 놀라게 된 이유는 무엇인가요?(2:7-8)

①**자기들의 말이라** ②처음 듣는 말

③천사의 말 같음 ④신기한 말

10. 말세에 모든 육체에 영을 부어주신다고 예언한 선지자는?(2:16-17)

①다니엘 ②사무엘 ③**요엘** ④가브리엘

11. 누구든지 주의 이름을 부르는 자는 어떻게 되는가요?(2:21)

①**구원을 받음** ②새 사람이 됨 ③제자가 됨 ④방언을 함

12. 주께서 생명의 길로 내게 보이셨다고 말한 사람은 누구인가?(2:25,28)

①솔로몬 ②아브라함 ③야곱 ④**다윗**

13. 사도들은 주님의 부활에 대하여 자신을 무어라 하였나요?(2:32)

①설교자 ②깨닫게 함 ③전하는 자 ④**증인**

14. 사람들이 “형제들아 우리가 어찌할꼬“라고 물은 까닭은?(2:37)

①**마음에 찔려서** ②완악해서 ③복을 받으려고 ④미안해서

15. 구원받는 사람이 날마다 더해진 이유는 무엇인가요?(2:47)

①남을 도와주어서 ②구제하므로

③**칭송을 받음으로** ④사람들의 감동

16. 미문 앞에 앉은 앉은뱅이는 사람들에게 무엇을 하였나요?(3:3)

①**구걸** ②축복 ③이야기 ④인사

17. 베드로와 요한이 은과 금 대신에 앉은뱅이에게 준 것은?(3:6)

①돈 ②하나님의 말씀 ③**예수님의 이름** ④안수 기도

18. 구걸하던 사람이 걷고 뛰자, 사람들이 보인 반응은 어떻했나요?(3:10)

①귀신의 역사 ②**심히 놀라다** ③믿지 못하다 ④헷갈려하다

19. 사람들은 거절했지만 하나님께서 영화롭게 하신 분은 누구인가?(3:13)

①**예수님** ②베드로 ③천사 ④유대인

20. 유대인들이 죽인 예수님을 가리켜 베드로가 한 말은 무엇인가?(3:15)

①재림의 주 ②**생명의 주** ③심판의 주 ④영생의 주

21. 우리가 어떻게 할 때, 죄 없다 함을 받게 되나요?(3:19)

①감사함 ②다짐함 ③반성함 ④**회개하고 돌이킴**

22. 선지자의 말을 듣지 않으면 멸망 받는다고 한 사람은?(3:22-23)

①사무엘 ②이사야 ③**모세** ④다니엘

23. 유대인들은 하나님께 어떤 자손이라고 하였나요?(3:25)

①**언약의** ②구원의 ③사랑의 ④축복의

24. 제사장들, 성전 맡은 자, 사두개인들이 싫어한 것은?(4:2)

①**부활을 전함** ②예수님을 전함

③천국을 전함 ④병 고침을 전함

25. 베드로의 설교를 듣고 믿는 자가 많아질 때, 남자들만 몇 명인가?(4:4)

①약 3천 명 ②**약 5천 명** ③약 1천 명 ④약 7천 명

26. 죄인을 구원해주시려고 하나님께서 우리에게 주신 것은?(4:12)

①**예수님의 이름** ②성령님 ③주기도문 ④교회

27. 베드로와 요한이 잡혀가서 심문을 받은 곳은 어디인가요?(4:15)

①제사장의 집 ②**공회** ③주기도문 ④재판정

28. 베드로와 요한이 무엇에 대해 말하지 않을 수 없다고 했나요?(4:20)

①**보고 들은 것** ②본 것 ③들은 것 ④부탁을 받은 것

29. 모인 사람들이 하나님 말씀에 대해 무엇할 수 있기를 기도했나요?(4:29)

①믿음에 굳게 섬 ②**담대히 전함** ③순종하기를 ④가까이 함

30. 예루살렘 교회에 모인 사람들의 자세는 어떠하였나요?(4:32)

①한 마음 ②한 사랑 ③**한 마음, 한 뜻** ④한 사랑, 한 기도

31. 바나바는 무엇을 팔아 사도들의 발 앞에 두었나요?(4:36-37)

①귀한 물건 ②**밭** ③패물 ④배

32. 땅을 판 일로 사탄이 마음에 가득해 성령을 속인 사람은 누구인가?(5:3)

①**아나니아** ②가야바 ③가말리엘 ④요나

33. 아나니아를 따라 똑같이 거짓말을 한 사람은 누구인가요?(5:1,7)

①마르다 ②사라 ③**삽비라** ④아비가일

34. 대제사장은 누구와 함께 사도들을 잡아왔나요?(5:17-18)

①**사두개인의 당파** ②바리새인들

③율법사의 부하 ④서기관

35. 경비병이 옥에 갇혀 있어야 했던 누구를 보지 못하였나요?(5:22)

①**사도들** ②죄인 ③부하 ④사두개인

36. 사람보다 누구에게 순종하는 것이 마땅한가요?(5:29)

①공회원 ②율법사 ③십계명 ④**하나님**

37. 유대인들이 죽인 예수님을 누가 살리셨다고 하였나요?(5:30)

①아리마대 요셉 ②천사 ③**하나님** ④마리아

38. 사도들을 상관하지 말라고 권면한 사람은 누구인가요?(5:34,38)

①가브리엘 ②**가말리엘**

③니고데모 ④엘리에셀

39. 사도들은 예수님 때문에 능욕 받음을 어떻게 여겼나요?(5:41)

①대적함 ②**기뻐함** ③핍박이라 여김 ④속상해 함

40. 말씀을 제쳐놓고 접대를 일삼는 것을 옳지 않게 여긴 사람들은?(6:2)

①회당장 ②감독자들 ③**사도들** ④제사장

41. 성령과 지혜가 충만하여 칭찬을 듣는 사람이 맡은 직분은?(6:3)

①**집사** ②장로 ③사도들 ④제사장

42. 일곱 집사가 세워지자 사도들은 어떻게 했나요?(6:6)

①자격증을 줌 ②안수 ③선포함 ④**기도, 안수**

43. 은혜와 권능이 충만하여 큰 기사와 표적을 행한 사람은 누구인가?(6:8)

①베드로 ②빌립 ③시몬 ④**스데반**

44. 스데반이 지혜와 성령으로 말하자, 공회원들의 반응은 어떻했나요?(6:10)

①**능히 당하지 못함** ②논쟁에 이김 ③거짓말이라 함

45. 하나님과 모세를 모독했다는 죄로 공회에 끌려간 사람은 누구인가?(6:11)

①엘리야 ②베드로 ③**스데반** ④다윗

46. 스데반을 모함하려고 누구를 세웠나요?(6:13)

①율법사 ②**거짓 증인들** ③바리새인들 ④서기관들

47. 공회원들이 볼 때, 감탄하게 되었던 스데반의 얼굴은 어떠했나요?(6:15)

①**천사의 얼굴** ②하나님의 모습

③예수님의 모습 ④눈이 부심

48. 하란으로 오기 전에, 메소보다미아에 있던 사람은 누구인가요?(7:2)

①**아브라함** ②요셉 ③야곱 ④이삭

49. 야곱은 어디에 곡식이 있어서 사오라고 하였나요?(7:12)

①블레셋　②**애굽**　③레바논　④에디오피아

50. 모세는 어느 나라의 학술을 배워 능하게 되었나요?(7:22)

①**애굽**　②미디안　③블레셋　④이스라엘

51. 미디안으로 도망해서 나그네 되어 아들 둘을 낳은 사람은?(7:29)

①아론　②**모세**　③엘리야　④요셉

52. 애굽과 홍해, 광야에서 몇 년간 기사와 표적을 보았나요?(7:36)

①400년　②100년　③**40년**　④70년

53. 다윗이 원하였으나 솔로몬에게 이르러 완성된 것은 무엇인가요?(7:46)

①회당　②재판정　③왕궁　④**성전**

54. 그들이 마음과 귀에 할례를 받지 못했다고 나무란 사람은?(7:2,51)

①베드로　②**스데반**　반③빌립　④야고보

55. 사람들은 스데반을 어떻게 죽였나요?(7:59)

①**돌로 쳐서**　②돌에 밀어뜨림

③마구 때림　④독약을 먹임

56. 사울은 교회를 잔멸할새 남녀를 끌어다가 어디에 넘겼나요?(8:3)

①성전 ②**옥** ③제사장 ④율법사

57. 빌립은 사마리아 성에 내려가 백성에게 누구를 전파했나요?(8:5)

①사도들 ②교회 ③**그리스도** ④주의 천사

58. 마술사로서 예수님을 믿고 세례를 받은 사람은 누구인가요?(8:13)

①**시몬** ②바예수 ③더디오 ④아소도

59. 시몬은 악독이 가득하며 무엇에 매인바 되었나요?(8:23)

①구원 ②영생 ③**불의** ④상급

60. 빌립에게 가사로 가는 길까지 가라고 한 사람은 누구인가요?(8:26)

①베드로 ②예수님 ③성령 ④**주의 사자**

61. 에디오피아 내시가 돌아가는 길에 읽은 성경은 어디인가요?(8:28)

①**이사야** ②예레미야 ③시편 ④모세오경

62. 빌립은 에디오피아 내시에게 무엇을 들려주었나요?(8:35)

①선지자의 이야기 ②**복음**

③성경 ④구약의 예언

63. 빌립은 물에 내려가 누구에게 세례를 베풀었나요?(8:38)

①**에디오피아 내시** ②길을 가던 사람

③마부 ④에디오피아 관리

64. 사울은 어디로 가다가 홀연히 하늘로부터 음성을 들었나요?(9:3)

①빌립보 ②**다메섹** ③다소 ④안디옥

65. 사울은 며칠 동안이나 보거나 먹지도, 마시지도 못했나요?(9:9)

①하루 ②이틀 ③**사흘** ④나흘

66. 아나니아는 누구의 집에 있는 사울에게 가서 안수했나요?(9:11)

①직가 ②**유다** ③다소 ④빌립

67. 각 회당에서 예수님이 하나님의 아들이라고 전한 사람은?(9:19-20)

①베드로 ②바나바 ③**사울** ④아나니아

68. 제자들이 사울을 피할 때, 사울을 이끌어주던 사람은 누구인가요?(9:27)

①빌립 ②아나니아 ③베드로 ④**바나바**

69. 애니아는 어떤 병에 걸려서 베드로에게 고침을 받았나요?(9:33)

①입 마른 병 ②열병 ③**중풍병** ④앉은뱅이

70. 욥바에서 죽었다가 베드로에 의해 다시 살아난 여자는?(9:36)

①루디아 ②**다비다** ③룻다 ④로이스

71. 욥바에사는 무두장이로서 베드로에게 집을 내어준 사람은?(9:43)

①**시몬** ②요셉 ③가말리엘 ④아스다롯

72. 가이사랴에 있던 이달리야 부대의 군대 백부장은 누구인가요?(10:1)

①바예수 ②블라스도 ③**고넬료** ④바사바

73. 고넬료의 무엇이 하나님 앞에 상달되어 기억하신 바 되었나요?(10:4)

①기도와 찬송 ②**기도와 구제**

③찬송과 구제 ④선행과 구제

74. 하늘로부터 "일어나 잡아 먹으라"는 소리를 들은 사람은?(10:13)

①이달리야 군대장 ②부하 ③하인 ④**베드로**

75. 백부장이며 의인으로서 하나님을 경외하는 사람은 누구인가요?(10:22)

①빌립 ②**고넬료** ③베드로 ④바나바

76. 고넬료가 친척과 친구들을 모아 기다린 사람은 누구인가요?(10:24)

①이달리야 군대장 ②부하 ③하인 ④**베드로**

77. 하나님은 사람의 무엇을 보지 않으신다고 하였나요?(10:34)

①**외모** ②경력 ③됨됨이 ④성격

78. 하나님께서는 예수님을 며칠 만에 다시 살리셨나요?(10:40)

①이틀 ②안식 후 첫날 ③**사흘** ④이틀도 안 됨

79. 이방인들이 성령을 받자 베드로는 무엇을 했나요?(10:48)

①**세례를 줌** ②안수를 해줌

③형제라 여김 ④구원의 확신을 줌

80. 이방인들의 세례로 할례자들에게 비난을 받은 사람은 누구인가요?(11:2)

①바나바 ②아나니아 ③고넬료 ④**베드로**

81. "하나님이 깨끗하게 하신 것을" 이라는 말을 들은 사람은?(11:9)

①아나니아 ②고넬료 ③**베드로** ④바울

82. 고넬료가 보내 베드로를 찾아온 사람들은 몇 명이었나요?(11:11)

①다섯 명 ②**세 명** ③일곱 명 ④여섯 명

83. 성령으로 세례를 받으리라 하신 것을 생각하게된 사람은?(11:16)

①**베드로** ②바울 ③바나바 ④마가

84. 하나님께서 이방인에게도 생명을 얻도록 주신 것은 무엇인가?(11:18)

①믿음 ②**회개** ③사랑 ④성령

85. 착한 사람이며 성령과 믿음이 충만한 사람은 누구인가요?(11:24)

①마가 ②바울 ③**바나바** ④베드로

86. 처음으로 그리스도인이라 일컬음을 받게 된 곳은 어디인가요?(11:26)

①**안디옥** ②예루살렘 ③가이사랴 ④빌립보

87. 천하에 큰 흉년이 들리라고 성령으로 말한 사람은 누구인가요?(11:28)

①글라우디오 ②**아가보** ③바나바 ④헤롯의 부하

88. 헤롯 왕의 박해로 칼에 죽임을 당한 요한의 형제는 누구인가요?(12:2)

①**야고보** ②도마 ③안드레 ④다대오

89. 베드로도 잡혀가서 옥에 갇혔을 때 교회는 무엇을 했나요?(12:5)

①두려워함 ②**긴절히 기도** ③불안에 떨다 ④성도들이 피함

90. 주의 천사가 나타나 베드로를 어떻게 해주었나요?(12:9-10)

①쳐다보다 ②위로해줌

③**옥에서 풀어 줌** ④예언해줌

91. 옥에서 나온 베드로는 누구의 집으로 갔나요?(12:12)

①마태 ②**마가** ③누가 ④세베대

92. 베드로를 위해 여러 사람들은 모여서 무엇을 하고 있었나요?(12:12)

①교회를 염려함 ②숨어 있었음 ③**기도** ④성경을 읽음

93. 옥에서 베드로가 사라지자 군인들은 어떻게 하였나요?(12:18)

①베드로를 찾다 ②**소동하다** ③교회를 핍박 ④변명을 하다

94. 헤롯은 베드로의 탈출에 누구를 심문하고 죽이라 했나요?(12:19)

①군병들 ②**파수꾼들** ③간수장 ④감옥의 대장

95. 영광을 하나님께 돌리지 않아 벌레에게 먹혀 죽은 자는 누구인가?(12:23)

①서기관 ②안나스 ③대제사장 ④**헤롯**

96. 금식할 때, 성령께서 따로 세우라 하신 사람은 누구인가요?(13:2)

①베드로, 바나바 ②**바나바, 사울**

③마가, 사울 ④빌립, 마가

97. 바보에 있던 유대인 거짓 선지자는 누구였나요?(13:6)

①**바예수** ②바나바 ③바돌로메 ④바디매오

98. 이스라엘 백성들이 약 450년 동안 기업으로 누린 땅은 어디인가요?(13:19)

①애굽　②블레셋　③**가나안**　④시내 광야

99. 하나님은 이스라엘을 위해 구주를 주셨는데 그의 이름은?(13:23)

①모세　②엘리야　③다윗　④**예수님**

100. 하나님께서 죽은 자 가운데 그를 살리셨다, 그는 누구인가요?(13:30)

①**예수님**　②엘리야　③다윗　④사무엘

101. 다윗은 죽어 썩었는데, 죽었지만 썩지 않은 이는 누구인가요?(13:36)

①다윗　②사울　③**예수님**　④모세

102. 구약시대 때는 무엇으로 의롭다 하심을 얻었나요?(13:39)

①사무엘의 계명　②제사장

③제물을 드림　④**모세의 율법**

103. 영생을 주시기로 작정된 자에게 나타난 것은 무엇인가요?(13:48)

①**다 믿더라**　②거절하다　③반대하다　④듣기만 하다

104. 이고니온에서 바울과 바나바가 복음을 전한 곳은 어디인가요?(14:1)

①**유대인의 회당**　②공회당　③광장　④학교

105. 순종하지 않는 유대인들이 이방인들에게 어떻게 했나요?(14:2)

①**선동함** ②고발함 ③쫓아냄 ④픽박함

106. 루스드라에 어떤 병자가 있었나요?(14:8)

①맹인 ②피부병 ③손 마름 ④**발을 쓰지 못하는 자**

107. 바나바는 제우스라 하고, 바울에게는 무어라 하였나요?(14:12)

①**헤르메스** ②허메 ③하늘에서 내려 온 신 ④박카스

108. 바나바와 바울에게 제사하려 하자 어떻게 하였나요?(14:14)

①침을 뱉다 ②숨어버림

③제물을 던져버림 ④**옷을 찢다**

109. 유대인들이 무리를 충동하자 그들은 바울에게 어떻게 했나요?(14:19)

①욕을 하다 ②**돌로 치다** ③소리를 지르다 ④쫓아내다

110. 하나님의 나라에 들어가려면 반드시 겪어야하는 것은무엇인가요?(14:22)

①조롱거리 ②비웃음 ③**많은 환난** ④외톨이

111. 바울과 바나바가 이방인들도 은혜 받음을 보고한 곳은?(14:26-27)

①버가 ②**안디옥** ③구브로 ④비시디아

112. 할례를 받지 않으면 구원 받지 못한다고 누가 주장했나요?(15:1)

①바울 ②베드로 ③**유대에서 온 어떤 사람들** ④바나바

113. 하나님이 이방인들에게도 성령을 주셨다고 주장한 사람은?(15:7-8)

①바울 ②바나바 ③**베드로** ④요한

114. 베드로가 말하기를, 우리는 무엇으로 구원을 받는다고 했나요?(15:11)

①**예수님의 은혜** ②베드로의 이름

③사도의 전도 ④모세의 율법

115. 이방인 중에서 하나님께 돌아오면 어떻게 하자 했나요?(15:19)

①받아들이자 ②할례를 받게 하자 ③**괴롭게 말자**

116. 유다와 실라의 직책은 무엇인가요?(15:32)

①**선지자** ②사도 ③제자 ④집사

117. 바울과 바나바는 어디에 머물면서 형제들을 가르쳤나요?(15:35)

①예루살렘 ②**안디옥** ③길리기아 ④루스드라

118. 바울과 헤어진 바나바는 누구와 함께 떠났나요?(15:39)

①누가 ②디모데 ③안드레 ④**마가**

119. 바울은 바나바와 헤어지고 누구를 데리고 떠났나요?(15:40)

①디모데 ②**실라** ③디도 ④베드로

120. 루스드라와 이고니온의 형제들은 누구를 칭찬했나요?(16:2)

①바울 ②**디모데** ③바나바 ④실라

121. 바울은 가고자 했는데 예수의 영이 허락하지 않은 곳은?(16:7)

①비두니아 ②브루기아 ③갈라디아 ④**무시아**

122. 마게도냐 사람이 밤에 누구에게 환상으로 보였나요?(16:9-10)

①**바울** ②디모데 ③바나바 ④실라

123. 자색옷감 장사를 하는 루디아가 바울을 만난 곳은 어디인가요?(16:14)

①두아디라 ②**빌립보** ③골로새 ④에베소

124. 귀신들린 여종의 주인들이 관원들에게로 끌고 간 사람은?(16:19)

①바울 디모데 ②디모데, 실라

③바나바, 바울 ④**바울, 실라**

125. 옥에 갇혔으나 밤에 기도하고 하나님을 찬미한 사도들은?(16:25)

①바울, 디도 ②디모데, 실라 ③바나바, 바울 ④**바울, 실라**

126. 사도에게 내가 어떻게 해야 구원을 얻을까 물은 사람은?(16:29-30)

①죄수 중의 한 사람 ②**간수**

③감옥의 군병 ④감옥의 감독자

127. 옥에서 나온 바울과 실라가 형제들을 만나려고 간 곳은?(16:40)

①사도들이 집 ②기도처 ③**루디아의 집** ④실라의 집

128. 바울이 데살로니가에서 세 안식일 동안 한 일은 무엇인가요?(17:2)

①**성경 강론** ②전도 ③기도 ④일

129. 가이사 말고 "다른 임금이 있다 하였는데" 누구를 말하나요?(17:7)

①빌라도 ②**예수** ③바울 ④헤롯

130. 데살로니가 사람보다 베뢰아 사람은 어떻다고 했나요?(17:11)

①**너그럽다** ②불량하다 ③신사적 ④폭군적

131. 유대인들의 소동으로 인해 데살로니가에서 바울이 간 곳은?(17:15)

①암비볼리 ②**아덴** ③아볼로니아 ④베뢰아

132. 바울에게 새로운 가르침이 무엇인지 알려 달라고 했던 곳은(17:19)

①베뢰아 ②아덴 ③**아레오바고** ④에베구레오

133. 아덴 사람들을 보니 범사에 무엇이 많다고 했나요?(17:22)

①우상 섬김 ②**종교심** ③믿음 ④사랑

134. 하나님께서 인류를 한 혈통으로 하시고 살게 하신 곳은?(17:26)

①**온 땅** ②온 만물 ③하란 ④갈대아 우르

135. 아레오바고 관리로서 예수님을 믿은 사람은 누구였나요?(17:34)

①아볼로 ②아굴라 ③글라디우스 ④**디오누시오**

136. 바울이 본도 유대인인 아굴라를 만난 곳은 어디였나요?(18:2)

①더베 ②**고린도** ③아덴 ④빌립보

137. 바울과 아굴라는 무엇을 하면서 지냈나요?(18:3)

①**천막을 만듬** ②그물을 만듬

③고기를 잡음 ④집을 수리함

138. 회당장으로서 온 집안으로 더불어 예수님을 믿은 사람은?(18:8)

①**그리스보** ②아볼로 ③아가야 ④디도 유스도

139. 바울이 18개월 동안 하나님의 말씀을 가르친 곳은 어디인가?(18:1,11)

①더베 ②**고린도** ③아덴 ④빌립보

140. 바울이 일찍이 서원이 있어 겐그레아에서 무엇을 행했나요?(18:18)

①머리를 기름 ②수염을 깎음 ③**머리를 깎음** ④금식함

141. 바울은 여행을 하면서 제자들에게 어떻게 하였나요?(18:23)

①**모든 제자를 굳건하게 함** ②안수를 해줌 ③복을 빌어줌

142. 알렉산드리아에서 난 유대인으로 성경에 능통한 사람은?(18:24)

①바예수 ②브르기아 ③**아볼로** ④브리스길라

143. 아볼로를 데려다가 성경을 가르쳐준 사람은 누구인가요?(8:26)

①브리스길라, 루디아 ②누가, 바나바

③베드로, 야고보 ④**브리스길라, 아굴라**

144. 요한의 말한, "내 뒤에 오시는 이"는 누구인가요?(19:4)

①베드로 ②안드레 ③**예수님** ④바울

145. 바울의 안수로 성령이 임한 사람이 열둘이나 되었던 곳은?(19:1,7)

①빌립보 ②**에베소** ③고린도 ④갈라디아

146. 두란노서원에서 바울이 제자들을 따로 세우고, 힘쓴 것은?(19:9)

①기도 ②상담 ③**강론** ④전도

147. 유대의 제사장으로 일곱 아들을 둔 자는 누구인가?(19:14)

①아가야 ②**스게와** ③야이로 ④길리오

148. 마술을 행하던 사람들이 태운 책의 값은 모두 얼마나 되나요?(19:19)

①**은 오만** ②금 오만 ③은 십만 ④금 일만

149. 데메드리오는 은으로 무엇을 만들어 돈을 많이 벌었나요?(19:24)

①유명인의 동상 ②**아데미의 신상**

③가정용 우상 ④휴대형 우상

150. 데메드리오의 선동으로 바울에게 분노해 소동이 난 곳은?(19:28)

①빌립보 ②**에베소** ③고린도 ④갈라디아

151. 소동을 일으킨 무리를 누가 진정시켰나요?(19:35)

①**서기장** ②총독 ③바울 ④회당장

152. 바울 일행은 헬라에서 얼마동안 있었나요?(20:2-3)

①삼 주 ②**석 달** ③삼 년 ④이 년

153. 바울 일행은 언제 떡을 떼려고 모였나요?(20:7)

①안식일 ②안식일 하루 전 ③**주간의 첫 날** ④매일

154. 사도행전을 쓴 사람들의 일행이 바울을 만난 곳은 어디인가?(20:14)

①구브로 ②**앗소** ③바보 ④밀레도

155. 바울이 에베소 교회의 장로들을 청해 오라고 한 곳은?(20:17)

①**밀레도** ②겐그레아 ③베니게 ④바나바

156. 심령에 매임을 받아 예루살렘으로 가야겠다고 말한 사람은?(20:22)

①실라 ②디모데 ③마가 ④**바울**

157. 온 양떼를 위하여 삼가야 하는 사람은 누구인가요?(20:28)

①**성도** ②제사장 ③장로 ④전도자

158. 바울이 삼년 동안 눈물로 성도를 훈계한 교회는 어디인가요?(20:31)

①**에베소** ②밀레도

③예루살렘 ④안디옥

159. 에베소의 장로들은 누구의 목을 안고, 입을 맞추었나요?(20:37)

①실라 ②**바울** ③마가 ④바나바

160. 두로에 있는 제자들이 바울과 작별하기 전에 기도한 곳은?(21:5)

①**바닷가** ②회당 ③성도의 가정 ④교회

161. 바울 일행은 가이사랴에 전도자 누구의 집에 머물었나요?(21:8)

①스데반 ②**빌립** ③브로고로 ④바메나

162. 유대로부터 와서 바울의 예루살렘 길을 막았던 선지자는?(21:10-11)

①야고보 ②아나니아 ③**아가보** ④나손

163. 예루살렘에 들어간 바울은 이튿날 누구를 찾아갔나요?(21:18)

①베드로 ②바나바 ③**야고보** ④빌립

164. 장로들은 누구에게 우상의 제물을 피하라고 하였나요?(21:25)

①**주를 믿는 이방인** ②바울

③에베소 사람 ④유대인

165. 유대인들이 사람들을 충동해 바울을 붙잡은 곳은 어디인가요?(21:27)

①**성전** ②재판정 ③공터 ④회당

166. 천부장이 나가서 보니 유대인들이 누구를 치고 있었나요?(21:32)

①바나바 ②이방인 ③도둑놈 ④**바울**

167. 유대인으로서 길리기아 다소에서 태어난 사람은 누구인가요?(21:39)

①아나니아 ②**바울** ③베스도 ④아그립바

168. 바울이 자랄 때, 율법의 엄한 교훈을 어느 문하에서 받았나요?(22:3)

①아나니아 ②사무엘 ③**가말리엘** ④성전

169. 바울이 다메섹에 간 오정쯤에 그에게 둘러 비친 것은 무엇인가요?(22:6)

①광채 ②천사 ③**큰 빛** ④흰 구름

170. 율법에 따라 경건하게 살던 아나니아가 있던 곳은 어디인가요?(22:11-12)

①다소 ②예루살렘 ③**다메섹** ④여리고

171. 모든 사람에게 보고 들은 것에 증인으로 선택된 자는 누구인가요?(22:15)

①아나니아 ②빌립 ③마가 ④**바울**

172. 스데반이 순교 당할 때, 증인으로서 찬성한 사람은 누구인가요?(22:20)

①아나니아 ②**바울** ③마가 ④베스도

173. 군병들이 때리려 할 때, 바울은 자기를 누구라 하였나요?(22:25)

①유대인 ②다소 사람 ③**로마 시민** ④히브리인

174. 바울을 심문한 천부장은 어떻게 시민권을 얻었나요?(22:28)

①명예로 ②**돈으로**

③전쟁으로 ④나면서부터

175. 바울의 죄를 알고자 유대인의 공회를 소집한 사람은 누구인가요?(22:30)

①**천부**장 ②유대인들 ③제사장 ④백부장

176. 바울이 말할 때, 그의 입을 치라고 했던 아나니아는 누구인가요?(23:2)

①천부장 ②서기관 ③**대제사장** ④재판장

177. 부활도, 천사도, 영이 없다고 믿고 주장한 사람들은 누구인가요?(23:8)

①로마인 ②**사두개인** ③바리새인 ④유대인

178. 유대인들 사십 여 명이 동맹한 이유는 무엇인가요?(23:12-13)

①유대인을 죽임 ②대제사장을 죽임

③**바울을 죽임** ④강도를 죽임

179. 유대인들이 바울을 죽일 것을 누가 알고 알려주었나요?(23:16)

①대제사장의 조카 ②천부장의 아들 ③**바울의 생질**

180. 백부장 둘을 불러 바울을 호송하도록 한 사람은 누구인가요?(23:22-23)

①대제사장 ②**천부장** ③아나니아 ④벨릭스

181. 천부장은 어느 총독에게 편지를 썼나요?(23:25-26)

①**벨릭스** ②베스도 ③아그립바 ④글라우디오 루시아

182. 바울은 자신이 어느 지방 출신이라고 하였나요?(23:34)

①수리아　②갈라디아　③**길리기아**　④마게도냐

183. 더둘로와 함께 총독에게 바울을 고소한 사람은 누구인가요?(24:1)

①**아나니아**　②루시아　③보르기오　④더둘로

184. 더둘로는 총독에게 바울을 무어라 송사하였나요?(24:5)

①시끄러운 자　②예수쟁이

③**나사렛 이단의 우두머리**　④미치광이

185. 바울은 총독에게 말함을 어떻게 변명한다 하였나요?(24:10)

①**기쁘게**　②죄가 없이　③결백을 주장하려　④억울하게

186. 바울은 자신에게 어떤 소망이 있다고 하였나요?(24:15)

①죽지 않음　②**하나님께 향한**　③천국에 대한　④영생의

187. 바울은 무엇을 가지고 와서 결례를 행하였다고 하였나요?(24:17)

①선물과 제물　②**구제할 것과 제물**　③헌금과 제물

188. 루시아가 오면 소송 한다고 하면서 재판을 연기한 사람은?(24:22)

①**벨릭스**　②대제사장　③더둘로　④베스도

189. 바울을 불러 예수 믿는 도를 듣고자 한 사람은 누구인가요?(24:24)

①천부장 ②**벨릭스** ③더둘로 ④베스도

190. 2년이 지난 후에, 벨릭스의 소임을 대신하게 된 사람은?(24:27)

①아그립바 ②헤롯 ③**베스도** ④보르기아

191. 대제사장들과 유대인들이 예루살렘에서 고소한 사람은?(25:2)

①아나니아 ②**바울** ③베스도 ④가이사

192. 베스도가 바울에게 호의를 베풀어 보내고자 한 곳은?(25:3)

①다소 ②로마 ③**예루살렘** ④빌립보

193. 베스도는 어디에서 바울을 재판하는 자리에 앉았나요?(25:6)

①예루살렘 ②로마 ③**가이사랴** ④빌립보

194. 바울이 심문을 전도의 기회로 삼으며 만나려던 사람은?(25:6,10)

①아나니아 ②벨릭스

③**베스도** ④가이사

195. 아그립바 왕과 버니게는 누구를 만나러 왔나요?(25:13)

①**베스도** ②가이사 ③대제사장 ④바울

196. 바울에게서 죄를 발견하지 못했다고 말한 사람은?(25:14,18)

①더둘로 ②바울 ③**베스도** ④벨릭스

197. 자기도 바울의 말을 듣고자 했던 사람은 누구였나요?(25:22)

①버니게 ②벨릭스 ③베스도 ④**아그립바**

198. 자기는 바울에게서 죽일 죄를 찾지 못했다고 한 사람은?(25:24-25)

①아나니아 ②벨릭스 ③**베스도** ④가이사

199. 바울이 아그립바 왕 앞에서 변명할 때, 어떤 자세로 말하였나?(26:1)

①가슴에 손 대고 ②땅에 침을 뱉고

③앞을 보고 ④**손을 들고**

200. 유대인이 종파 중에서 가장 엄한 파에서 자란 사람은?(26:5)

①버니게 ②**바울** ③베스도 ④아나니아

201. 바울이 대제사장들의 권한과 위임을 받고 간 곳은 어디인가요?(26:12)

①갈릴리 ②사마리아 ③**다메섹** ④안디옥

202. "네가 어찌하여 나를 박해하느냐"라는 소리는 어디 말 이였나?(26:14)

①**히브리 말** ②헬라 말 ③아람 말 ④갈릴리 말

203. 성전에서 바울을 잡아 죽이려고 한 사람들은 누구인가요?(26:21)

①바리새인들 ②제사장들 ③**유대인들** ④로마 군병들

204. 바울의 많은 학문이 바울을 미치게 한다고 말한 사람은?(26:24)

①버니게 ②벨릭스 ③**베스도** ④아그립바

205. 바울이 자기를 그리스도인이 되게 하려 한다고한 사람은?(26:28)

①대제사장 ②벨릭스 ③베스도 ④**아그립바**

206. 바울이 누구에게 상소하지 않았으면 석방 될 수 있었나요?(26:32)

①아그립바 ②**가이사** ③헤롯 ④베스도

207. 바울이 이달리야로 가게 될 때, 그를 호송한 백부장은 누구인가?(27:1)

①베스도 ②벨릭스 ③안나스 ④**율리오**

208. 무가 성에서 바울 일행이 바꾸어 탄 배의 이름은 무엇인가요?(27:6)

①뵈닉스 ②**알렉산드리아**

③아드리아 ④아드라뭇데노

209. 한쪽은 서남을, 한쪽은 서북을 향한 그레데의 항구는?(27:12)

①**뵈닉스** ②구브로 ③에베소 ④압비오저자

210. 바울 일행이 탄 배는 바다에서 어떤 광풍을 만났나요?(27:14)

①아드리아 ②**유라굴로** ③탄트라 ④굴라유로

211. 바울에게 찾아와서 안심하라고 누가 전해주었나요?(27:23-24)

①환상을 보다 ②소리가 들림

③**하나님의 사자** ④꿈을 꾸다

212. 바울 일행이 탔던 배 안에는 모두 몇 명이 있었나요?(27:37)

①176 명 ②**276 명** ③376 명 ④253 명

213. 죄수들이 도망할까 죽이려 했지만 이를 막은 사람은?(27:43)

①천부장 ②**백부장** ③오십부장 ④만부장

214. 배에 있던 사람들이 헤엄을 쳐서 상륙한 섬은 어디였나요?(28:1)

①뵈닉스 ②그레데 ③**멜리데** ④아드리아

215. 바울이 나뭇가지를 불에 넣을 때, 그의 손을 물은 것은 무엇인가?(28:3)

①왕벌 ②**독사** ③도마뱀 ④악어

216. 열병과 이질에 걸린 보블리오의 부친을 낫게 한 사람은?(28:8)

①추장 ②율리오 ③**바울** ④수라구사

217. 레기온을 떠나 로마로 가는데 바울이 형제를 만난 곳은?(28:13)

①**보디올** ②레기온 ③멜리데 ④수라구사

218. 바울을 죽일 죄목을 찾지 못하자 놓아주려 한 사람은?(28:18)

①재판관 ②유대인 ③율법사 ④**로마인**

219. 바울의 사상이 어떠한가를 듣고자 했던 사람들은 누구인가요?(28:22)

①재판관들 ②로마의 유대인들

③**로마인들** ④감옥에 있는 죄수들

220. 바울은 복음이 유대인에게서 어디로 옮겨졌다고 했나요?(28:28)

①흩어진 유대인들 ②**이방인들** ③로마인들 ④믿는 자들

221. 바울이 셋집에 머물면서 사람들을 영접했던 기간은 얼마인가요?(28:30)

①한 해 ②**두 해** ③석 달 ④일 년

로마서

1. 하나님의 복음을 위하여 택정함을 입었다고 말한 사람은?(1:1)

①베드로 ②마가 **③바울** ④요나

2. 로마에 있는 성도들의 믿음이 전파된 것을 기뻐한 사람은?(1:8)

①바나바 ②실라 **③바울** ④베드로

3. 복음은 누구에게 구원을 주시는 하나님의 능력인가요?(1:16)

①전도자들 ②듣는 자들 **③믿는 자들** ④사도들

4. 오직 믿음으로 말미암아 살게 되는 사람은 누구인가요?(1:17)

①의인 ②전도자

③세례를 받은 자 ④제자들

5. 사람이 어리석어서 무엇을 썩어질 사람의 우상으로 바꾸었나요?(1:23)

①새긴 우상 ②영생 **③하나님의 영광** ④보물

6. 누가 사람을 부끄러운 욕심에 그대로 내버려두셨나요?(1:26)

①하나님 ②유대인 ③사도들 ④바울

7. 하나님 두기를 싫어한 사람이 저지를 죄악은 무엇에 해당되나요?(1:29-32)

①십자가 형 ②**사형** ③사망 ④징계

8. 남을 판단하는 것은 자신에게 무엇을 하는 것과 같은가요?(2:1)

①교만 ②**정죄함** ③겸손 ④의를 드러냄

9. 영광과 존귀와 썩지 아니함을 구하는 자에게 오는 것은 무엇인가?(2:7)

①영광 ②성령의 충만 ③죄의 용서 ④**영생**

10. 악을 행하는 사람의 영에는 무엇이 있게 되나요?(2:9)

①**환난과 곤고** ②정죄와 벌

③멸망과 지옥 ④환난과 책망

11. 하나님께서는 사람을 대하실 때, 취하지 않으시는 것은?(2:11)

①학식 ②**외모** ③권세 ④태어난 곳

12. 율법에 대하여 어떻게 할 때, 의롭다하심을 얻나요?(2:13)

①듣는 자 ②깨닫는 자 ③**행하는 자** ④전하는 자

13. 유대인들이 율법을 범하면 할례가 어떻게 되나요?(2:25)

①짐이 됨 ②죄 ③**무할례** ④더럽혀짐

14. 유대인들에게 할례는 어디에 하는 것이 옳다고 하였나요?(2:29)

①몸 ②영 ③혼 ④**마음**

15. 바울은 유대인의 특권의 첫째는 무엇이라 하였나요?(3:1-2)

①선택된 민족 ②유대인

③아브라함 자손 ④**하나님의 말씀을 맡음**

16. 하나님은 참 되시고, 사람은 다 어떻다고 하였나요?(3:4)

①본래 착함 ②간사함 ③**거짓됨** ④속이는 자

17. 유대인이나 헬라인이나 다 어디에 놓여있다고 하였나요?(3:9)

①하나님의 자비 ②멸망 ③율법 ④**죄 아래**

18. 그 입에 저주와 악독이 가득한 것은 누구를 가리키나요?(3:14)

①유대인 ②이방인 ③**모든 사람** ④예수님을 죽인 사람들

19. 의롭다하심과 관련해서 율법으로는 무엇을 깨닫나요?(3:20)

①**죄** ②자기를 살핌 ③자기를 지킴 ④의

20. 모든 사람이 죄를 지어 그 결과, 어디에 이르지 못하나요?(3:23)

①아브라함의 자손 ②거룩함 ③**하나님의 영광**

21. 죄인의 의롭다하심을 위해서 예수님은 무엇이 되셨나요?(3:25)

①**화목제물** ②세상에 오심

③죄를 용서하심 ④하나님의 아들

22. 무엇이 율법을 폐하지 않고 오히려 굳게 세운다고 했나요?(3:31)

①예수님의 피 ②율법을 지킴 ③**믿음** ④이웃 사랑

23. 아브라함이 의롭다하심을 받은 조건은 무엇이었나요?(4:3)

①행함 ②**믿음** ③율법 ④순종

24. 죄가 가리어짐을 받는 사람을 어떠하다 했나요?(4:7)

①아브라함의 후손 ②**복이 있음** ③선택을 받음 ④후사가 됨

25. 세상의 상속자가 되리라는 언약은 무엇으로 말미암나요?(4:13)

①**믿음의 의** ②아브라함 ③아담 안에서 ④율법을 지킴으로

26. 만일, 율법이 없다면 무엇이 없게 된다고 하였나요?(4:15)

①**죄를 범함** ②믿음의 기준 ③거룩한 생활 ④하나님의 용서

27. 바랄 수 없는 중에 바라고, 믿은 사람은 누구인가요?(4:18)

①요셉 ②모세 ③**아브라함** ④다윗

28. 예수님을 죽은 자 가운데서 살려주신 이는 누구이신가요?(4:24)

①아브라함 ②**하나님** ③빌라도 ④천사

29. 우리를 의롭다 하시기 위하여 살아나신 이는 누구인가요?(4:25)

①아브라함 ②요나 ③**예수님** ④천사

30. 신자는 누구로 말미암아 하나님과 화평을 누리게 되나요?(5:1)

①아브라함 ②천사 ③**예수님** ④이웃

31. 신자를 부끄럽게 하지 않는 까닭은 무엇이 있기 때문인가요?(5:5)

①**소망** ②믿음 ③인내 ④사랑

32. 우리가 죄인이었을 때, 누가 우리를 위하여 죽으셨나요?(5:8)

①야고보 ②세례 요한

③스데반 ④**예수님**

33. 신자는 누구로 말미암아 하나님과 화목하게 되었나요?(5:11)

①아브라함 ② **예수님** ③스데반 ④천사

34. 한 사람의 죄 때문에 세상에 들어온 것은 무엇이었나요?(5:12)

①**사망** ②사탄 ③율법 ④벌

35. 세상에서 사망이 왕 노릇을 하게 된 까닭은 무엇인가요?(5:14)

①사람의 죄　②사탄　③**아담의 죄**　④마귀의 역사

36. 신자는 예수님 때문에 어디 안에서 왕 노릇을 경험하나요?(5:17)

①십자가 안에서　②**생명 안에서**

③죽음 안에서　④하나님 품에서

37. 예수님의 순종으로 많은 사람이 어떻게 되게 하셨나요?(5:19)

①왕 노릇　②죄를 이김　③**의인**　④기도하게

38. 주님의 부활에 연합하려면 주님의 무엇에 연합해야했나요?(6:5)

①**죽으심**　②기도　③기적　④살아나심

39. 죄에 대하여 단번에 죽으셨다는 것은 누구를 가리키나요?(6:10)

①하나님　②율법　③희생제물　④**예수님**

40. 자기의 몸을 의의 무기로 하나님께 드려야 될 사람은 누구인가?(6:13)

①불신자　②**신자**　③전도자　④사도들

41. 신자는 은혜 아래에 있어, 주장하지 못하게 해야 할 것은 무엇인가?(6:14)

①불평　②분을 냄　③마귀　④**죄**

42. 의에 이르기 위해서 자신을 어떤 종이 되게 해야 하나요?(6:16)

①**순종의 종** ②율법의 종 ③영광의 종 ④예수님의 종

43. 신자가 세상에 있는 동안에 무엇을 마음으로 순종해야 하나요?(6:17)

①규례 ②**교훈의 본** ③율법 ④어른의 가르침

44. 자기를 의에게 종으로 내어줄 때, 경험하게 되는 것은 무엇인가요?(6:19)

①자유 ②해방 ③믿음 ④**거룩함**

45. 신자가 받는 예수님 안에 있는 영생을 무엇이라 하였나요?(6:23)

①신자가 됨 ②**하나님의 은사**

③교회에 다님 ④죄를 이김

46. 사람이 살 동안에만 그 사람을 주관하는 것은 무엇인가요?(7:1)

①믿음 ②**법** ③사탄 ④은혜

47. 신자는 율법에 대하여 죽었으니 하나님께 대해 어떻게 해야하나요?(7:4)

①**열매를 맺음** ②종이 되어야 함 ③봉사해야 함

48. 생명에 이르게 해야 될 계명이 무엇에 이르게 하였나요?(7:10)

①**사망** ②율법의 종 ③죄의 종 ④죄인

49. 무엇이 기회를 타서 계명으로 우리를 속이고 죽이나요?(7:11)

①마귀　②율법　③**죄**　④분노

50. 우리는 원하는 것은 하지 않고, 도리어 원치 않는 무엇을 하나요?(7:15)

①율법의 요구　②하나님의 명령

③무익한 것　④**미워하는 것**

51. 바울은 사람의 몸에 무엇이 없다고 하였나요?(7:18)

①**선한 것**　②의　③악한 것　④죄

52. 우리는 선을 행하기 원하지만 내 속에 무엇이 있나요?(7:21)

①미워하는 마음　②**악**　③거절하는 것　④불순종

53. 몸으로 죄의 법을 섬긴다면, 마음으로 섬기는 것은 무엇인가요?(7:25)

①계명　②율법　③**하나님의 법**　④예수님

54. 예수 안에 있는 사람에게는 무엇이 없다고 하였나요?(8:1)

①의　②판단함　③율법　④**정죄함**

55. 사망은 육신의 생각이라 했는데 생명과 평안은 무엇인가요?(8:6)

①**영의 생각**　②성령의 생각　③믿음의 생각　④은혜를 깨달음

56. 영은 우리에게 무엇이 죽는 것을 깨닫게 해주나요?(8:13)

①율법의 요구 ②영의 행실 ③**몸의 행실** ④믿음의 요구

57. 신자가 하나님의 자녀라는 것을 누가 증언해주나요?(8:16)

①**성령** ②율법 ③믿음 ④사탄

58. 신자가 구원을 얻게 된 것은 무엇으로 인함인가요?(8:24)

①계명 ②율법 ③**소망** ④자기의 행위

59. 하나님을 사랑하는 자에게는 무엇을 약속하셨나요?(8:28)

①약속을 이룸 ②복 ③기도의 응답 ④**선을 이룸**

60. 하나님은 미리 정하신 자들을 어떻게 하시나요?(8:30)

①심판을 하심 ②**부르심**

③기도에 응답하심 ④좋은 것을 주심

61. 하나님의 우편에서 우리를 위하여 간구하시는 분은?(8:34)

①목회자 ②24 장로 ③천사 ④**예수님**

62. 바울은 어디에 있었기 때문에 거짓말을 하지 않았나요?(9:1)

①고향 ②**그리스도 안에** ③로마의 감옥 ④교회에 다녀서

63. 어떤 사람을 가리켜서 하나님의 자녀라 하였나요?(9:8)

①육신의 자녀 ②세례 받은 사람

③**약속의 자녀** ④아담의 후손

64. 리브가에게 이르시되, 큰 자가 누구를 섬긴다고 하셨나요?(9:12)

①유대인 ②**어린 자** ③사도들 ④아브라함의 후손

65. "긍휼히 여길 자를 긍휼히 여기고"는 누가 한 말인가요?(9:15)

①하나님 ②**모세** ③바울 ④요한

66. 귀히 쓸 그릇, 천히 쓸 그릇을 만들 권한은 누구에게 있나요?(9:21)

①하나님 ②**토기장이** ③주인 ④상인

67. 누가 "내 백성 아닌 자를 내 백성이라" 부르리라 했나요?(9:25)

①바울 ②**선지자** ③하나님 ④전도자

68. 이스라엘 자손에서 남은 자의 구원을 선포한 선지자는 누구인가?(9:27)

①바울 ②다니엘 ③요나 ④**이사야**

69. 이방인들이 믿음으로 얻게 된 것은 무엇인가요?(9:30)

①**의** ②영생 ③세례 ④아브라함의 자손

70. 바울은 오직 이스라엘 백성의 무엇을 소원하였나요?(10:1)

①권세 ②**구원** ③자비 ④영광

71. 사람이 하나님의 의를 모르면 무엇을 세우려고 하나요?(10:3)

①자기를 주장 ②자기의 죄 없음

③**자기의 의** ④자기의 옳다함

72. 율법으로 말미암아 의를 행하는 사람은 무엇으로 사나요?(10:5)

①율법 ②**의** ③죄 없음 ④계명을 지킴

73. 사람이 예수님을 주로 시인하면 어떻게 되나요?(10:9)

①유대인이 됨 ②의를 이룸 ③**구원을 받음** ④권능을 받음

74. 사람이 누구를 믿으면 부끄러움을 당하지 않는가요?(10:11)

①바울 ②**예수님** ③아브라함 ④선지자

75. 누구든지 주의 이름을 부르는 자에게 약속된 것은 무엇인가?(10:13)

①유대인이 됨 ②의를 이룸 ③이스라엘 자손 ④**구원**

76. 사람이 예수님을 주라고 부르지 못하는 까닭은 무엇인가요?(10:14)

①**예수님을 몰라서** ②이방인이라서 ③유대인이라서

77. 믿음은 들음에서 나며 들음은 무엇으로 말미암나요?(10:17)

①**그리스도의 말씀**　②바울의 전도　③율법　④순종

78. 자기를 가리켜서 베냐민 지파의 후손이라고 한 사람은 누구인가?(11:1)

①베드로　②요한　③야고보　④**바울**

79. 바알에게 무릎 꿇지 않은 칠천 명은 왜 남겨졌나요?(11:4)

①**하나님을 위해**　②남은 때를 위해

③성전을 위해　④후손을 위해

80. 구원이 이방인에게 이르면 시기를 내는 민족은 어디인가요?(11:11)

①다른 이방인들　②애굽　③**이스라엘**　④로마

81. 어떤 마음을 품지 말고 도리어 두려워하라 하셨나요?(11:20)

①교만한　②**높은**　③흔들리는　④넘치는

82. 이사야 선지자는 구원자가 어디에서 온다고 하였나요?(11:26)

①모리아　②**시온**　③성전　④갈보리

83. 하나님의 은사와 부르심에는 무엇이 없다고 하였나요?(11:29)

①서운해 하심　②실수하심　③부족하심　④**후회하심**

84. 하나님은 모든 사람에게 무엇을 베풀어주시려 하시나요?(11:32)

①사랑 ②용서 ③**긍휼** ④인내

85. 만물은 주에게서 나오고, 어디로 돌아가나요?(11:36)

①흙으로 ②본래 있던 곳으로 ③**주에게** ④돌고 돌음

86. 신자의 몸은 하나님께서 기뻐하시는 무엇이라 하였나요?(12:1)

①의의 병기 ②하나님의 영광

③연약한 육체 ④**산 제물**

87. 각 사람이 하나님 앞에서 믿음의 분량대로 해야 할 것은?(12:3)

①**지혜롭게 생각** ②달란트를 남김 ③순종 ④믿음의 일

88. 하나님께서 주신 은혜에 따라 각 사람이 다른 것은 무엇인가?(12:6)

①믿음의 크기 ②지능지수 ③**은사** ④성령

89. 사랑에는 거짓이 없기에 신자가 미워해야 할 것은 무엇인가요?(12:9)

①사탄 ②흉내를 냄 ③거짓말 ④**악**

90. 신자는 소망 중에 즐거워하고 환난이 닥쳐오면 어떻게 해야하나요?(12:12)

①싸움 ②**참음** ③무찌름 ④분노함

91. 악으로 악을 갚지 않는 대신에 무엇을 도모해야 하나요?(12:17)

①헤어짐 ②상대하지 않음 ③**선한 일** ④기도함

92. 사람들과의 사이에서 원수를 갚는 일은 누구에게 있나요?(12:19)

①**하나님** ②율법 ③재판장 ④나 자신

93. 악에게 지지 않고, 악을 이길 수 있는 유일한 방법은 무엇인가요?(12:21)

①시비를 가려냄 ②**선** ③악과 싸움을 벌임 ④악을 피함

94. 세상의 사람들에게 있는 권세는 어디에서 오는 건가요?(13:1)

①국민 ②**하나님** ③자기의 노력 ④자격증

95. 사람이 선을 행하게 되면 남들로부터 무엇을 받나요?(13:3)

①**칭찬** ②높아짐 ③따르겠다고 함 ④권세를 인정함

96. 악을 저지를 때에 우리는 어떤 마음을 가져야 하나요?(13:4)

①마땅히 여김 ②자신을 두둔함

③**두려워함** ④의롭게 여김

97. 사람이 복종을 할 때는 자신의 무엇을 따라야 하나요?(13:5)

①지식을 ②**양심을** ③체면을 ④기분을

98. 우리가 서로 사랑의 빚을 져야 할 사람은 누구인가요?(13:8)

①친구 ②아는 사람 ③**아무에게든지** ④교회 안에서 성도

99. 우리가 서로 사랑하면 무엇의 완성을 이루게 되나요?(13:10)

①계명 ②거룩함 ③소망 ④**율법**

100. 신자가 빛의 갑옷을 입기 전에 버려야 할 것은 무엇인가요?(13:12)

①**어둠의 일** ②세상의 재물 ③더러워진 신 ④자신의 지식

101. 예수님으로 옷을 입으면 무엇이 버려지게 되나요?(13:14)

①헛된 생각 ②권위 ③자랑 ④**정욕**

102. 믿음이 연약한 자를 받아 들일 때 주의해야 할 것은 무엇인가?(14:1)

①판단을 함 ②**비판하지 않음** ③나무람 ④비판함

103. 만일 형제를 판단하는 자는 어디에 서게 되나요?(14:10)

①**하나님의 심판대** ②공회

③교회 ④사도의 심판대

104. 부딪힐 것이나 거칠 것을 누구 앞에 두지 말라 하였나요?(14:13)

①교회 ②불신자 ③**형제** ④믿는 자들

105. 무엇때문에 형제가 근심하게 되면 사랑으로 행하지 않는 것인가요?(14:15)

①노는 것 ②**먹는 것** ③자는 것 ④입는 것

106. 성령 안에서 의와 평강과 희락은 무엇인가요?(14:17)

①**하나님의 나라** ②복음의 내용 ③성도의 삶 ④하나님의 일

107. 하나님의 사업이 무너지지 않기 위해서 무엇에 조심해야 하나요?(14:20)

①노는 것 ②**먹는 것** ③자는 것 ④입는 것

108. 형제에게 거리끼게 하지 않는 것을 무엇이라고 하였나요?(14:21)

①**아름다움** ②겸손 ③신실함 ④자비

109. 신자의 행실에서 믿음으로 따라 하지 않으면 어떤 결과가 되나요?(14:23)

①온전해짐 ②의를 이룸 ③신중함 ④**죄**

110. 연약한 자의 약점을 마땅히 담당해야 될 사람은 누구인가?(15:1)

①교회 지도자 ②영성이 깊은 사람

③**믿음이 강한 사람** ④먼저 믿은 사람

111. 신자들이 예수님을 본 받으면 서로 어떠함에 이르나요?(15:5)

①분별하게 됨 ②똑똑해짐 ③죄를 거절함 ④**뜻이 같게 됨**

112. 이방인들이 긍휼하심을 입으면 하나님께 어떻게 하나요?(15:9)

①신자가 됨 ②감사함 ③**영광을 돌림** ④헌금을 바침

113. 성령의 능력은 신자에게 무엇이 넘치도록 하나요?(15:13)

①권위 ②**소망** ③권세 ④사랑

114. 바울은 자기가 누구를 위한 주님의 일꾼이 되었다고 하였나요?(15:16)

①바리새인 ②유대인 ③로마의 그리스도인 ④**이방인**

115. 비유를 들어 남의 터 위에 건축을 하지 않으려 한 자는 누구인가?(15:20)

①베드로 ②**바울** ③바나바 ④마가

116. 바울이 그리스도의 충만한 축복을 갖고 어디로 가려고 했나요?(15:29)

①빌립보 ②**로마** ③예루살렘 ④서머나

117. 바울에게 보호자가 되었던 뵈뵈는 어느 교회의 일꾼인가요?(16:1-2)

① 서머나 교회 ②예루살렘 교회

③**겐그레아 교회** ④빌립보 교회

118. 아굴라 부부가 자기의 목이라도 내어놓으며 도운 자는?(16:3-4)

①디모데 ②**바울** ③베드로 ④아볼로

119. 안드로니고와 유니아는 바울과 어떤 관계인가요?(16:7)

①**바울의 친척** ②바울의 제자

③바울의 동역자 ④바울을 도운 자

120. 그리스도 안에서 인정을 받은 사람이라고 소개된 사람은?(16:10)

①아볼로 ②뵈뵈 ③**아벨레** ④루포의 어머니

121. 바울이 자기에게도 어머니라고 소개한 사람은 누구인가요?(16:13)

①마리아 ②뵈뵈 ③올름바 ④**루포의 어머니**

122. 분쟁을 일으키고, 거슬리게 하는 자는 어떻게 해야 하나요?(16:17)

①**떠나라** ②싸워라 ③권면하라 ④용납하라

123. 바울을 대신해서 로마서를 기록한 사람은 누구인가요?(16:22)

①디모데 ②디도 ③에라스도 ④**더디오**

124. 모든 민족으로 믿어 순종케 하시려고 알게 하신 것은 무엇인가요?(16:26)

①교회 ②**복음** ③율법 ④계명

고린도전서

1. 바울과 함께 고린도의 신자들을 축복한 사람은 누구인가요?(1:1)

①게바 ②아볼로 ③**소스데네** ④디모데

2. 누가 신자들을 주님 안에서 더불어 교제하게 하시나요?(1:9)

①바울 ②소스데네 ③**하나님** ④먼저 믿은 사람

3. 바울이 고린도 교회에 편지를 쓰게 된 이유는 무엇인가요?(1:11)

①격려하려고 ②**분쟁 때문에** ③안부를 전함 ④칭찬하려고

4. 바울은 스데바나 집 식구들에게 무엇을 행하였나요?(1:16)

①교회를 부탁함 ②신세를 짐

③돈을 빌려줌 ④**세례를 베품**

5. 구원을 받는 신자들에게 하나님의 능력이 되는 것은 무엇인가요?(1:18)

①생명의 도 ②영생의 말씀 ③**십자가의 도** ④예수님

6. 하나님께서 믿는 자들을 구원하시기를 기뻐하신 방법은 무엇인가?(1:21)

①사랑 ②**전도** ③복음 ④독생자

7. 하나님의 능력이요 하나님의 지혜가 되는 것은 무엇인가요?(1:24)

①**그리스**도　②방언　③신유　④소망

8. 예수 그리스도의 십자가외에는 아무것도 알지 않기로 작정한 사람은?(2:2)

①디모데　②베드로　③**바울**　④누가

9. 자신의 말과 전도가 지혜의 말로 되지 않기를 원한 사람은 누구인가?(2:4)

①아볼로　②베드로　③**바울**　④누가

10. 신자가 세상의 지혜가 아니고, 은밀한 무엇으로 말하나요?(2:7)

①**하나님의 지혜**　②성령의 능력

③왕의 권세　④말하는 능력

11. 하나님의 영 외에는 아무도 알지 못하는 것은 무엇인가요?(2:11)

①교회　②심판　③**하나님의 일**　④세상의 끝

12. 영적인 것은 성령께서 알려주시는 무엇으로 분별하나요?(2:13)

①세상적인 것　②사람들의 일　③심판　④**영적인 것**

13. 하나님께서는 신자에게 누구의 마음을 갖도록 하시나요(2:16)

①바울　②**그리스도**　③사도들　④옛 선지자들

14. 고린도 교회의 시기와 분쟁은 어떤 사람들에게 있나요?(3:3)

①**육신에 속한 사람** ②영에 속한 사람 ③유대인 ④헬라인

15. 심는 이와 물을 주는 이를 하나님 앞에서 무어라 했나요?(3:7)

①상급이 있음 ②**아무 것도 아님**

③영광이 됨 ④보상을 해주심

16. 하나님의 밭이며, 하나님의 집이라고 표현된 이들은 누구인가?(3:9)

①사도들 ②교회의 지도자 ③**신자들** ④전도자

17. 하나님의 은혜를 따라 건축자처럼 터를 닦아둔 사람은 누구인가?(3:10)

①아볼로 ②**바울** ③베드로 ④유대인

18. 불이 나타나 공적을 태울 때, 공적이 그대로 남아있을 때 받는 것은?(3:14)

①새 집을 얻음 ②영광이 됨 ③자랑이 됨 ④**상을 받음**

19. 고린도 교인들에게 자기 자신을 무엇으로 알라고 하였나요?(3:16)

①전도자 ②**하나님의 성전** ③택함을 받은 자 ④천국의 일꾼

20. 하나님의 성전을 더럽히면 하나님께서 그에게 어떻게 하시나요?(3:17)

①**멸하심** ②기회를 주심 ③사탄에게 넘김 ④심판을 받음

21. 고린도 교회의 성도들을 가리켜 누구의 것이라 하였나요?(3:23)

①바울 ②아볼로 **③그리스도** ④전도자들

22. 바울은 자기를 성도들이 어떻게 알아주기를 원하였나요?(4:1)

①로마의 시민 ②유대인 **③그리스도의 일꾼** ④학자

23. 하나님의 비밀을 맡은 자들이 구해야 될 것은 무엇인가요?(4:2)

①인내 **②충성** ③열심 ④자비

24. 바울은 고린도 교회 성도들이 어떤 마음이기를 바랐나요?(4:6)

①영을 분별함 ②능력을 행함

③교만하지 않음 ④은사를 자랑함

25. 신자는 그의 것이 다 하나님께 받은 것이기에 어떻게 해야하나요?(4:7)

①자랑해야 **②자랑하지 않음** ③소문이 나게 함 ④겸손하게

26. 바울은 고린도 성도들에게 어떤 심정으로 편지를 썼나요?(4:14)

①사랑하는 자녀 ②동역자 ③친구들 ④신사적인 성도

27. 바울에게 복음으로 낳았다고 여겨진 이들은 누구인가요?(4:15)

①율법주의자들 ②헬라인 ③유대인 성도들 **④고린도 성도들**

28. 바울이 고린도 교회를 위해서 보낸 사람은 누구인가요?(4:17)

①게바 ②아볼로 ③**디모데** ④소스데네

29. 사람의 말에 있지 않고, 오직 능력에 있는 것은 무엇인가요?(4:20)

①**하나님의 나라** ②바울의 전도 ③믿음 ④하나님의 자녀

30. 어머니와 아들의 음행이 있어 바울이 나무랐던 교회는 어디인가요?(5:1)

①에베소 교회 ②**고린도 교회**

③버가모 교회 ④서머나 교회

31. 바울이 몸으로는 떠나 있지만 영으로는 함께 라는 교회는?(5:3)

①**고린도 교회** ②로마 교회 ③버가모 교회 ④서머나 교회

32. 온 덩어리에 퍼지는 것은 무엇이라 하였나요?(5:6)

①더러운 누룩 ②교만함 ③죄 ④**적은 누룩**

33. 예수님은 죄인을 위하여 어떤 모습으로 희생되셨나요?(5:7)

①나귀 새끼 ②염소 ③**유월절 양** ④하나님의 아들

34. 오직 순전함과 진실함을 떡으로 해야되는 것은 무엇인가요?(5:8)

①손님에게 대접 ②**명절** ③성도의 식사 ④잔치

35. 바울은 누구와 사귀지 말라고 편지를 써서 보냈나요?(5:9)

①**음행하는 자** ②교만한 자

③자랑하는 자 ④원망하는 자

36. 교회 밖에 있는 사람들은 누구에게서 심판을 받나요?(5:13)

①세상 권세자 ②사탄 ③**하나님** ④임금

37. 교회에서는 악한 사람을 어떻게 해야 하나요?(5:13)

①**내쫓음** ②이야기를 들어줌 ③사랑해줌 ④용서함

38. 신자끼리 문제가 생기면 무엇을 하지 말라고 하였나요?(6:1)

①**불신자 앞에 고발** ②이간질 ③다툼 ④자기를 주장함

39. 어떠한 자가 하나님의 나라를 유업으로 받지 못하는가요?(6:9)

①**불의한 자** ②세례 받은 자 ③송사하는 자 ④자랑하는 자

40. 신자는 씻음과 거룩함과 또 무엇을 받았다고 하였나요?(6:11)

①하나님의 나라 ②아브라함의 후손 ③**의롭다 하심** ④영광

41. 오직 주를 위하여 있는 것은 무엇이라 하였나요?(6:13)

①영혼 ②생각 ③마음 ④**몸**

42. 예수님을 살리신 하나님은 그 권능으로 어떻게 하시나요?(6:14)

①**우리도 다시 살림** ②사도를 살림 ③전도자 보호

43. 신자의 몸은 누구의 지체라고 하였나요?(6:15)

①사도들 ②아브라함 ③**그리스도** ④천사

44. 사람이 음행을 하는 죄는 어디에 죄를 짓는 것인가요?(6:18)

①교회 앞에 ②**자기의 몸** ③율법을 어김 ④남의 몸

45. 세상에서 신자의 몸은 하나님께 무엇이 되어야 하는가요?(6:20)

①제물이 됨 ②율법을 지킴 ③말씀에 순종 ④**영광을 드림**

46. 남자마다 아내를, 여자마다 남편을 두어야 하는 까닭은 무엇인가?(7:2)

①전통적인 제도 ②유대인의 습관

③**음행을 피함** ④결혼해야 해서

47. 부부에게 기도할 틈을 얻기 위한 것 외에 금지하신 것은 무엇인가요?(7:5)

①외출 ②**분방** ③여행 ④떨어져서 지냄

48. 불신자 남편은 신자 아내로 말미암아 어떻게 되나요?(7:14)

①**거룩하게 됨** ②착하게 됨 ③아내를 사랑함 ④선하게 됨

49. 무할례자로 부르심을 받은 사람이 원하지 말아야 할 것은?(7:18)

①사람들과의 사귐 ②**할례를 받음** ③할례를 무시함

50. 신자는 "값으로 사신 것이니" 무엇이 되지 말아야 하나요?(7:23)

①높은 자들과 사귐 ②**사람들의 종** ③죄를 피함 ④음행함

51. 신자는 부르심을 받은 그대로 누구와 함께 해야 하나요?(7:24)

①사도들 ②먼저 믿는 자 ③**하나님** ④전도자

52. 바울은 이 세상의 외형이 어떻게 된다고 하였나요?(7:31)

①영원함 ②**지나감** ③일부가 바뀜 ④변화됨

53. 결혼한 여자는 남편이 죽으면 어떻게 되나요?(7:39)

①남편에게 속함 ②과부로 지냄

③집으로 돌아감 ④**자유로워짐**

54. 사람들과의 관계에서 덕을 세우게 해주는 것은 무엇인가요?(8:1)

①**사랑함** ②용납 ③축복하는 기도 ④방언

55. 하나님께서 알아주는 사람이 되려면 어떻게 해야 할까요?(8:3)

①기도를 함 ②이웃을 사랑 ③**하나님을 사랑** ④믿음을 시인

56. 신이라 불리는 자가 어디에 많다고 하였나요?(8:5)

①**하늘과 땅** ②산과 바다 ③하늘과 바다 ④산과 땅

57. 신자는 누구를 위하여 있는 것이라 하였나요?(8:6)

①교회 ②바울 ③**하나님** ④이 세상

58. 우리는 음식을 먹는 것을 누구 앞에 내세우지 못하나요?(8:8)

①사도들 ②**하나님** ③교회 ④신자들

59. 나의 자유 때문에 누가 걸려 넘어지지 않도록 해야 하나요?(8:9)

①불신자 ②사도들

③교회 ④**믿음이 약한 자들**

60. 형제의 양심을 상하게 하는 것은 누구에게 죄를 짓는 건가요?(8:12)

①전도자 ②사도들 ③**예수님** ④교회

61. 우리는 음식으로 누구를 실족되지 않게 주의해야 하나요?(8:13)

①전도자 ②이웃 사람 ③**내 형제** ④불신자

62. 고린도 교회의 성도들은 바울을 어떻게 대해야 하였나요?(9:2)

①교회의 지도자 ②전도자 ③유대인 ④**사도**

63. 바울은 자기를 비판하는 자들에게 무엇을 변명하였나요?(9:4)

①**권리가 있음** ②사도 ③할례를 받음 ④예수님을 만남

64. 곡식을 밟아떠는 소에게 망을 씌우지 말라고 쓰인 것은 어디인가요?(9:9)

①유대인의 전통 ②**모세의 율법** ③시편 ④계명

65. 신자는 무엇에 장애가 없도록 범사에 참아야 하나요?(9:12)

①하나님의 영광 ②하나님의 말씀

③**그리스도의 복음** ④하늘 권세

66. 복음을 전하는 사람은 무엇으로 말미암아 살아야 하나요?(9:14)

①사례를 받음 ②**복음으로** ③대접을 받음 ④하나님의 상급

67. 바울은 복음을 전하지 않으면 무엇이 있을 거라 했나요?(9:16)

①징벌 ②악 ③벌 ④**화**

68. 바울이 더 많은 사람을 얻고자 하여 스스로 했던 행동은?(9:19)

①사도라고 주장 ②선지자라고 함 ③**종이 됨** ④친구가 됨

69. 복음을 위하여 모든 것을 행함은 무엇에 참여하기 위함인가요?(9:23)

①**복음** ②세례 ③영생 ④전도

70. 이스라엘 백성이 출애굽 때, 구름과 바다에서 받은 것은 무엇인가요?(10:2)

①홍해를 건넘 ②**세례를 받음** ③할례를 받음 ④깨끗하게 됨

71. 그들 중, 광야에서 하루에 이만삼천 명이 죽게 된 이유는 무엇인가?(10:8)

①원망해서 ②죄를 지어 ③불순종으로 ④**음행으로**

72. 그들 중, 하나님을 시험하다가 무엇에게 멸망당하였나요?(10:9)

①애굽 군대에 ②**뱀에게** ③아말렉의 공격에 ④사탄에게

73. 고린도의 신자들에게 축복의 잔은 무엇에 참여함인가요?(10:16)

①한 몸 된 교회 ②예수님의 제자

③**그리스도의 피** ④하나님의 몸

74. 고린도의 신자들은 누구와 교제하지 말라고 부탁했나요?(10:20)

①**귀신** ②유대인 ③불신자 ④로마인

75. 신자는 자기 자신보다 누구의 유익을 구하라 하였나요?(10:24)

①가족 ②사도들 ③**다른 사람** ④교회

76. 무릇 시장에서 파는 것은 묻지 말고 먹어야 하는 까닭은?(10:25)

①건강을 염려해서 ②자기를 위해 ③**양심을 위해**

77. 먹든지 마시든지 무엇을 하든지 생각해야 하는 것은 무엇인가?(10:31)

①**하나님의 영광** ②율법의 준수 ③믿음의 진보

78. 남자는 여자의 무엇이 되도록 자기를 지켜야 하나요?(11:3)

①손, 발 ②**머리** ③몸 ④지체

79. 여자는 남자의 무엇이 되도록 자기를 지켜야 하나요?(11:7)

①**남자의 영광** ②하나님의 영광

③부모에게 기쁨 ④즐거움이 됨

80. 어디 안에서 남자 없이 여자만 있지 않고 여자 없이남자만 있지 않나요?(11:11)

①교회 안에 ②**주 안에** ③유대인이 회당 ④집 안에

81. 여자에게 긴 머리는 누구에게 영광이 된다고 하였나요?(11:15)

①남자에게 ②교회에 ③부모에게 ④**여자 자신**

82. 주님께서 제자들을 위하는 자신의 몸이라며 주신 것은 무엇인가요?(11:24)

①율법 ②**떡** ③잔 ④성경

83. 신자들에게 성찬을 하면서 누구를 기념하라 하셨나요?(11:24)

①하나님 ②바울 ③**예수님** ④천사

84. 떡이나 잔을 옳지 않게 먹고 마시면 무엇을 범하나요?(11:27)

①주의 몸 ②주의 피 ③**주의 몸과 피** ④떡과 잔

85. 신자는 성찬에 참여하기 전에 무엇을 해야 하나요?(11:28)

①은혜를 구함 ②찬송을 부름 ③기도함 ④**자기를 살핌**

86.예수님을 주라 시인하게 하는 것은 누구로 말미암나요?(12:3)

①**성령** ②전도자의 기도 ③본인의 기도 ④천사

87. 신자들에게 성령을 나타내시는 이유는 무엇인가요?(12:7)

①능력이 있으라고 ②**유익하게 함** ③체험하라고

88. 사람들에게 나타나는 다양한 은사는 어떻게 주시나요?(12:11)

①**성령의 뜻대로** ②기도 응답으로

③소원을 해서 ④사람에 따라서

89. 한 성령으로 세례를 받았기 때문에 이루어진 것은 무엇인가요?(12:13)

①한 마음 ②제자가 됨 ③온전함 ④**한 몸**

90. 하나님은 어떤 방법으로 지체를 각각 몸에 두셨나요?(12:18)

①보시기에 좋게 ②**원하시는 대로** ③각각 다르도록

91. 우리 몸의 지체에서 약하게 보이는 것은 어떠한가요?(12:22)

①중요하지 않음 ②있으나 마나 함 ③**더 요긴함** ④다쳐도 됨

92. 신자는 하나님 앞에서 누구의 몸인가요?(12:27)

①자신의 몸 ②교회의 몸 ③사도들의 몸 ④**그리스도의 몸**

93. 신자는 은사에 대하여 무엇을 소원해야 하나요?(12:31)

①은사자랑 ② 은사를 비교 ③**더욱 큰 은사** ④은사를 숨김

94. 신자가 천사의 말을 해도 울리는 꽹과리가 되는 이유는 무엇인가요?(13:1)

①자랑해서 ②믿음이 없어서 ③교만해서 ④**사랑이 없어서**

95. 남을 구제하고, 내 몸을 내어 주어도 사랑이 없으면 어떻게 되나요?(13:3)

①**유익이 없음** ②전도가 안 됨

③감사하지 않음 ④기쁨이 없음

96. 자기의 유익을 구하지 않는 사람에게는 무엇이 있나요?(13:4-5)

①인내 ②믿음 ③**사랑** ④소망

97. 신자가 진리와 함께 기뻐하려면 나에게 무엇이 있어야 하나요?(13:4,6)

①성경의 지식 ②지혜 ③믿음 ④**사랑**

98. 모든 것을 참고, 믿고, 바라고, 견디게 하는 것은 무엇인가요?(13:4,7)

①인내　②믿음　③**사랑**　④소망

99. 예언과 방언, 지식의 공통점은 무엇인가요?(13:8)

①교회에 필요함　②**그치고, 폐함**

③영원함　④하나님의 선물

100. 하나님 앞에서 언제까지나 있는 온전한 것은 무엇인가요?(13:10)

①예언　②지식　③방언　④**사랑**

101. 다음에서 항상 있을 것이 아닌 것은 무엇인가요?(13:13)

①**예언**　②믿음　③소망　④사랑

102. 신자가 신령한 것들을 사모하되 먼저 구해야 할 것은?(14:1)

①방언　②능력 행함　③**예언**　④사랑

103. 덕을 세우며, 권면하며, 위로하는 것은 무엇인가요?(14:3)

①**예언**　②사랑　③방언　④설득

104. 교회에 덕을 세우기 위하여 주신 은사는 무엇인가요?(14:4)

①병을 고침　②방언　③**예언**　④방언의 통역

105. 방언을 말하는 사람이 구해야 할 것은 무엇인가요?(14:13)

①예언하기를 ②가르치기를

③**통역하기를** ④위로하기를

106. 깨달은 마음으로 다섯 마디의 말이 무엇보다 나은가요?(14:19)

①교회에서 권면 ②**일만 마디의 방언** ③율법 ④교훈

107. 교회에서 방언할 때, 누가 없으면 잠잠 하라 하였나요?(14:28)

①**통역자** ②지도자 ③깨닫는 자 ④사도

108. 모든 사람이 배우고, 권면을 받게 하려고 하는 것은?(14:31)

①권면 ②방언 ③**예언** ④방언의 통력

109. 모든 것을 품위 있게 하고, 어떻게 하라고 하셨나요?(14:40)

①사랑으로 ②**질서 있게** ③순서대로 ④덕이 되도록

110. 바울은 예수님의 죽으심을 어떻게 된 걸로 설명했나요?(15:3)

①율법에 의해서 ②**성경대로** ③예언을 따름 ④스스로

111. 예수님께서 다시 살아나심은 무엇이 있었기 때문인가요?(15:13)

①**죽은 자의 부활** ②산 자의 부활 ③지옥 ④천국

112. 모든 사람이 삶을 얻는 것은 한 사람, 누구 안에서 인가요?(15:22)

①아담 ②하와 ③**예수님** ④아브라함

113. 죄의 열매인 사망은 맨 나중에 어떻게 되나요?(15:26)

①진노의 대상 ②지옥에 던져짐 ③**멸망 받음** ④무저갱으로

114. 악한 동무들이 무엇을 더럽히는 것에 속지 말라 했나요?(15:33)

①거룩함 ②믿음 ③**선한 행실** ④교회

115. 욕된 것으로 심었는데 무엇으로 다시 살아나나요?(15:43)

①**영광스러운 것** ②좋은 것

③상을 받을 것 ④아름다운 것

116. 마지막 아담은 살려주는 영이 되었는데 누구인가요?(15:45)

①천사 ②**예수님** ③사도 요한 ④아담

117. 사망이 쏘는 것은 무엇인가요?(15:56)

①죽음 ②아담 ③멸망 ④**죄**

118. 각 사람이 수입에 따라 모아두어 매주 첫날 할 것은 무엇인가요?(16:2)

①구제 ②**연보** ③사례 ④떡을 뗌

119. 바울은 어디를 지난 후에, 고린도에 가기를 원했나요?(16:5)

①**마게도냐** ②예루살렘 ③로마 ④소아시아

120. 바울이 에베소에 머물러 있기를 원했던 기간은 얼마인가요?(16:8-9)

①겨울이 오기 전에 ②유월절까지

③봄이 올 때까지 ④**오순절까지**

121. 바울과 함께 주의 일에 힘쓰는 자라고 소개한 사람은?(16:10)

①**디모데** ②디도 ③아볼로 ④실라

122. 바울에게 스데바나의 집은 아가야의 무엇이 되었나요?(16:15)

①첫 사랑 ②첫 만남 ③하나님의 은혜 ④**첫 열매**

123. 스데바나와 브드나도는 무엇을 채웠다고 하였나요? (16:17)

①못된 것 ②**부족한 것** ③잘된 것 ④안타까운 것

124. 성도는 거룩하게 입맞춤으로 서로 무엇을 해야 하나요?(16:20)

①구제 ②보태어 줌 ③물건을 나눔 ④**문안**

125. 누구든지 예수님을 서로 사랑하지 않으면 어떻게 되나요?(16:22)

①복을 받지 못함 ②**저주를 받음** ③은혜를 모름

고린도후서

1. 고린도 교회, 아가야의 성도들에게 쓴 바울의 편지는?(고후 1:1)

①에베소서 ②고린도전서 ③**고린도후서** ④갈라디아서

2. 신자가 받는 위로는 누구로 말미암아 넘친다고 했나요?(1:5)

①바울 ②**그리스도** ③바울의 편지 ④사도들

3. 신자는 자신을 의지하지 말고, 누구를 의지해야 하나요?(1:9)

①사도 ②교회 ③먼저 믿은 자들 ④**하나님**

4. 바울은 성도들에게 자신들을 위해서 무엇을 부탁하였나요?(1:11)

①돈으로 보태어줌 ②후원자들을 모집 ③**간구** ④변명

5. 바울은 특별히 고린도 성도들을 어떻게 대하였나요?(1:12)

①성경으로 ②사도의 권위로

③율법으로 ④**하나님의 은혜로**

6. 하나님의 약속은 얼마든지 그리스도 안에서 무엇이 되나요?(1:20)

①**예** ②그럴 수 있음 ③아니오 ④믿음대로

7. 하나님이 우리에게 인치시고, 보증으로 주신 것은 무엇인가요?(1:22)

①믿음 ②**성령** ③은혜 ④은사

8. 바울은 고린도 교회에 어떤 마음으로 나아가지 않음을 결심했나요?(2:1)

①기쁨이 넘칠 때 ②**근심 중에**

③염려의 때에 ④소망이 없을 때

9. 바울에게는 고린도 교회의 성도들에게 무엇이 있었나요?(2:4)

①자랑이 넘침 ②**큰 눌림과 걱정** ③넘치는 사랑 ④소망

10. 교회에서 근심하게 한 사람에게 어떻게 하라 하였나요?(2:7)

①교회에서 쫓아냄 ②권고, 꾸짖음 ③타이름 ④**용서, 위로**

11. 신자는 교회 안에서 남들에게 무엇을 나타내어야 하나요?(2:8)

①은혜 ②**사랑** ③위로 ④소망

12. 바울은 사람을 용서할 때, 누구 앞에서 하였나요?(2:10)

①**그리스도** ②교회 ③하나님 ④성경

13. 바울이 복음을 위해 문이 열린 것을 경험한 도시는 어디인가?(2:12)

①아가야 ②로마 ③**드로아** ④빌립보

14. 항상 우리를 그리스도 안에서 이기게 하시는 분은 누구신가요?(2:14)

①천사 ②옛 선지자들 ③믿음의 사람들 ④**하나님**

15. 하나님 앞에서 그리스도의 향기는 누구인가요?(2:15)

①**신자** ②교회 ③꽃 ④사도들

16. 그리스도의 편지는 누구를 가리키는 비유인가요?(3:3)

①바울 ②전도자 ③**신자** ④교회

17. 무슨일을 하든지 오직 하나님께서 주신다고 여겨야 할 것은?(3:5)

①**만족** ②평안 ③즐거움 ④자랑

18. 율법 조문이 죽이는 것이라면 영은 우리를 어떻게 해주나요?(3:6)

①믿음을 줌 ②**살려줌** ③알게 함 ④깨닫게 함

19. 정죄의 직분에 영광이 있는데 의의 직분은 어떠한가요?(3:9)

①영원히 영광 ②똑같은 영광

③부족한 영광 ④**영광이 더욱 넘침**

20. 더욱 영광 가운데 있을 것은 무엇인가요?(3:11)

①곧 사라질 것 ②**길이 있을 것** ③선한 행실 ④덕을 끼침

21. 장차 없어질 것에 주목하지 못하도록 모세가 한 것은 무엇인가요?(3:13)

①머리를 감춤 ②하늘을 바라봄 ③**수건을 씀** ④얼굴을 덮음

22. 바울은 수건이 어디 안에서 없어질 것이라 하였나요?(3:14)

①구약성경 ②모세의 율법

③**그리스도** ④사도들이 전한 복음

23. 신자에게 영광에서 영광으로 이르게 해주는 것은 무엇인가?(3:18)

①**주의 영** ②복음 ③기도 ④수건

24. 바울은 신자들에게 무엇을 버려야 된다고 강조하였나요?(4:2)

①**부끄러움의 일** ②혼잡케 함 ③거짓된 말 ④궤휼

25. 복음은 어떤 사람들에게 가리워졌다고 했나요?(4:3)

①구원받을 자들 ②**망하는 자들** ③불신자들 ④죄인들

26. 그리스도 예수의 주 되신 것을 전할 사명을 받은 사람은 누구인가?(4:5)

①전도자 ②세상의 사람들 ③**모든 신자** ④사도들

27. 사방으로 욱여쌈을 당해도 싸이지 않는 사람들은 누구인가요?(4:8)

①**모든 신자** ②믿지 않는 자 ③권세를 잡은 자 ④사도들

28. 신자가 예수의 죽음을 몸에 짊어지면 무엇이 나타나나요?(4:10)

①예수의 피 ②사탄을 멸함 ③**예수의 생명** ④귀신을 쫓아냄

29. 예수님을 다시 살리신 분은 누구도 살리시나요?(4:14)

①전도자 ②세상의 사람들 ③**모든 신자** ④사도들

30. 신자는 속사람이 날마다 어떻게 되는 것을 경험하나요?(4:16)

①닮아짐 ②낡아짐 ③**새로워짐** ④그 상태를 유지함

31. 보이는 것은 잠깐이요 보이지 않는 것은 어떠하다 했나요?(4:18)

①**영원함** ②없어짐 ③없음 ④순간적임

32. "땅에 있는 우리의 장막 집"은 무엇을 가리키는 것인가요?(5:1)

①살고 있는 집 ②**사람의 몸** ③지혜와 지식 ④교회

33. 신자는 하늘로부터 오는 우리의 처소를 왜 기다리나요?(5:2)

①**덧입으려고** ②하늘나라이므로

③기다리라고 해서 ④영원하므로

34. 하나님은 신자에게 천국에 대한 보증으로 무엇을 주셨나요?(5:5)

①교회 ②사도 ③**성령** ④성경

35. 신자는 믿음으로 행하고, 무엇으로 하지 않나요?(5:7)

①소망으로 ②**보이는 것으로**

③사랑으로 ④보이지 않는 것으로

36. 신자는 장차 그리스도의 어디에 나타나 행한 대로 받나요?(5:10)

①은혜 ②**심판대** ③보혈 ④골고다 언덕

37. 그리스도의 사랑을 신자에게 어떻게 한다고 했나요?(5:14)

①**강권** ②위로 ③권면 ④기다림

38. 하나님은 신자들에게 화목하게 하시려고 무엇을 주셨나요?(5:18)

①능력 ②직임 ③**직분** ④사명

39. 그리스도를 대신해서 신자에게 누구와 화목하라 했나요?(5:20)

①**하나님** ②사도들 ③성령 ④신자들끼리

40. 지금은 은혜 받을 만한 때요 지금은 무슨 날이라고 했나요?(6:2)

①영생의 ②**구원의** ③영광의 ④죄 사함의

41. 신자는 모든일에 무엇으로 자천해야 하나요?(6:4)

①교회의 일꾼 ②이웃을 섬기는 일 ③**하나님의 일꾼** ④전도자

42. 진리의 말씀과 하나님의 능력은 무엇이라 하나요?(6:7)

①교회의 권세 ②성령의 역사 ③신앙의 방패 ④**의의 무기**

43. 신자는 세상에서 죽은 자 같으나 어떠하다고 하였나요?(6:9)

①**살아있음** ②영혼은 죽지 않음 ③부활하게 됨 ④잠을 잠

44. 근심하는 자 같으나 항상 기뻐하는 사람은 누구인가요?(6:10)

①사도 ②**신자** ③권세를 잡은 자 ④불신자

45. 신자는 믿지 않는 자와 무엇을 함께 해서는 안 되나요?(6:14)

①이야기 ②돈을 버는 것 ③일 ④**멍에**

46. 하나님의 성전과 일치할 수 없다고 한 것은 무엇인가요?(6:16)

①**우상** ②귀신 ③사당 ④불신자

47. 하나님은 신자에게, 신자는 하나님께 어떠하다고 했나요?(6:18)

①**아버지, 자녀** ②하나님, 성도

③아버지, 아들 ④하나님, 자녀

48. 신자가 하나님을 두려워하면서 온전히 이루어야 할 것은?(7:1)

①신령함 ②**거룩함** ③긍휼히 여김 ④자비로움

49. 고린도의 신자들과 함께 죽고, 함께 살고자 했던 사람은?(7:3)

①디모데 ②스데바나 ③아볼로 ④**바울**

50. 바울에게 밖에서는 다툼, 안에서는 두려움을 주었던 곳은 어디인가?(7:5)

①예루살렘 ②로마 ③**마게도냐** ④고린도

51. 바울은 자기에게 누가 와서 하나님의 위로가 되었나요?(7:6)

①아킵보 ②**디도** ③실라 ④디모데

52. 하나님의 뜻대로 하는 근심이 이루어주는 것은 무엇인가요?(7:10)

①**회개** ②변명 ③고민 ④망설임

53. 신자가 하나님의 뜻대로 하는 근심에서 나타내지는 것은?(7:11)

①은혜로움 ②정직함 ③**깨끗함** ④진실 됨

54. 바울이 더욱 많이 기뻐하게 된 까닭은 무엇인가요?(7:13)

①**디도의 기쁨으로 인해** ②바울의 기쁨으로 인해

③은혜의 기쁨으로 인해 ④디모데의 기쁨으로 인해

55. 고린도의 신자들에 대한 신뢰는 바울에게 무엇이 되었나요?(7:16)

①고민 ②슬픔 ③**기쁨** ④평안

56. 마게도냐 교회의 연보에 대하여 바울은 무어라 칭찬하였나요?(8:2)

①감사의 연보 ②**풍성한 연보** ③믿음의 연보 ④구제의 연보

57. 마게도냐 교회의 연보가 칭찬을 받은 까닭은 무엇이었나요?(8:3)

①인색하지 않음 ②돕는 헌금 ③**힘에 지나게 자원**

58. 고린도의 신자들은 무엇의 은혜에도 풍성해야 하였나요?(8:7)

①**연보** ②믿음 ③사랑 ④구제

59. 예수님께서 가난하게 되심은 우리를 어떻게 해주시기 위함인가?(8:9)

①가난하게 하심 ②은혜를 주심

③믿음을 주심 ④**부요하게 하심**

60. 자신의 넉넉한 것으로 이웃의 어떠함을 채워야 하나요?(8:14)

①**부족한 것** ②구제하는 것으로 ③고통을 ④행복을

61. 바울처럼 고린도의 신자들을 위하는 마음을 가진 사람은?(8:16)

①소스데네 ②아볼로 ③**디도** ④디모데

62. 바울이 하나님 앞과 사람들 앞에서 조심하려고 했던 것은?(8:20-21)

①전도 ②구제 ③**연보** ④선한 일

63. 바울이 자기의 동료이며, 동역자로 여긴 사람은 누구인가요?(8:23)

①아킵보 ②**디도** ③실라 ④디모데

64. 성도를 섬기는 연보를 1년 전부터 준비했던 사람들은 누구인가요?(9:2)

①사도들 ②마게도냐 교회 ③고린도 교회 ④**아가야의 성도들**

65. 아가야의 성도들에게 연보를 준비하도록 보낸 사람은?(8:22-23; 9:3)

①**디도와 형제들** ②바울의 사신 ③디모데 ④디도

66. 미리 준비해서 드리는 것이 참 연보답고, 무엇이 아닌가요?(9:5)

①의무적 아님 ②강요가 아님 ③**억지가 아님** ④사랑이 없이

67. 하나님은 어떻게 연보를 내는 자를 사랑하신다 하였나요?(9:7)

①율법에 따라서 ②인색함으로 ③**즐겨 내는** ④형식적으로

68. 하나님은 신자에게 언제나 무엇이 넘치게 하려 하시나요?(9:8)

①은혜가 넘침 ②**모든 착한 일이 넘침**

③순종이 넘침 ④충성이 넘침

69. 하나님은 심을 것을 주셔서 어떻게 만들어 주시나요?(9:10)

①**풍성하게 됨** ②모자람이 없음 ③남지 않게 됨 ④알맞게 됨

70. 교회에서 봉사의 직무는 성도들의 무엇을 채워 주나요?(9:12)

①어려움 해결 ②부탁을 들어줌

③**부족한 것 보충** ④요구를 채움

71. 바울이 하나님께 영광을 돌린 넘치는 연보는 누가 드렸나요?(9:13)

①안디옥 교회 ②**고린도 교회** ③디도와 형제들

72. 신자를 대면하면 유순하고, 떠나있으면 담대했던 사람은?(10:1)

①디도 ②**바울** ③디모데 ④바나바

73. 우리의 싸우는 무기는 육신에 속한 것이 아닌 무엇인가요?(10:4)

①성령의 역사 ②성경 ③기도의 힘 ④**하나님의 능력**

74. 그리스도에게 복종하기 위하여 무너뜨려야 할 것은 무엇인가요?(10:5)

①죄 ②지식 ③**모든 생각** ④사단

75. 자신이 그리스도에 속한 것을 확신하기 위해어떻게 해야 하나요?(10:7)

①**다시 생각해 봄** ②고백함 ③의심을 해봄 ④시험해봄

76. 신자를 세워주려고 주께서 주신 것은 무엇인가요?(10:8)

①**권세** ②예수님의 이름 ③권면 ④위로

77. 자기를 헤아리고, 비교하는 사람은 무엇이 없나요?(10:12)

①진리　②믿음　③**지혜**　④영적인 능력

78. 신자는 자신의 믿음이 자랄수록 무엇을 따라야 하나요?(10:15)

①전통　②**규범**　③믿음의 지식　④가르침

79. 칭찬에 있어서 우리는 누구의 칭찬을 바라야 하나요?(10:18)

①**주**　②스스로　③사도들　④먼저 믿은 자들

80. 바울은 신자를 정결한 처녀로 누구와 중매를 시켰나요?(11:2)

①성령　②**그리스도**　③요한　④베드로

81. 뱀이 하와를 미혹할 때, 사용한 무기는 어떤 것이었나요?(11:3)

①혼란　②유혹　③의심　④**간계**

82. 다른 예수, 다른 영, 다른 복음을 용납한 이들은 누구인가요?(11:4)

①서머나 교회　②갈라디아 교회
③고린도 교회　④사데 교회

83. 말에는 부족하나 지식에는 넘친다고 한 사람은 누구인가요?(11:6)

①베드로　②**바울**　③스데반　④바나바

84. 바울에게 부족한 것을 누가 와서 보충해 주었다고 했나요?(11:9)

①디도 ②다른 사도들

③**마게도냐에서 온 형제들** ④브리스길라

85. 사탄의 일꾼들은 어떻게 가장해서 교회를 속이나요?(11:15)

①신실한 신자 ②**의의 일꾼** ③거룩한 사도 ④광명의 천사

86. 유대인들의 박해로 39번의 매를 다섯 번 맞은 사람은 누구인가?(11:24)

①디모데 ②디도 ③**바울** ④바나바

87. 바울은 무엇 때문에 날마다 마음이 눌리고 염려하며 지냈나요?(11:28)

①**교회 때문에** ②질병 때문에 ③간질 때문에 ④핍박 때문에

88. 바울은 부득불 자랑하면서 자신의 무엇을 자랑하였나요?(11:30)

①사도직 ②능력 ③**약한 것** ④히브리인

89. 바울은 다메섹 성에서 무엇을 타고 성벽을 내려왔나요?(11:32)

①그네 ②**광주리** ③밧줄 ④그물

90. "셋째 하늘로 이끌려간 사람"은 누구에 대한 말인가요?(12:2)

①**바울** ②디도 ③디모데 ④바나바

91. 바울은 어디로 이끌려 사람이 이르지 못할 말을 들었나요?(12:4)

①음부 ②천사들이 있는 곳 ③**낙원** ④하나님이 계신 곳

92. 바울은 육체의 가시를 떠나게 하려고 몇 번 기도했나요?(12:8)

①한 번 ②두 번 ③**세 번** ④네 번

93. "내 은혜가 네게 족하도다"는 누가, 누구에게 한 말인가요?(12:9)

①그리스도, 바울 ②**하나님, 바울**

③하나님, 디모데 ④바울이 스스로

94. 바울은 사도로서 누구보다도 조금도 부족하지 않았나요?(12:11)

①베드로 ②전도자 ③**큰 사도들** ④제자들

95. 바울은 누구를 위하여 재물과 자신을 허비한다고 했나요?(12:15)

①**고린도 교회** ②유대인들 ③불신자들 ④로마의 성도들

96. 누가 바울과 함께 동일한 성령으로 일을 하였다고 했나요?(12:18)

①바나바 ②소스데네 ③디모데 ④**디도**

97. 바울은 무슨 이유로 고린도 교회에 편지를 썼나요?(12:19)

①**덕을 세우기 위해** ②죄사함을 위해 ③순종을 위해서

98. 예수님이 십자가에 죽으시자 하나님의 무엇으로 살리셨나요?(13:4)

①사랑 ②자비 ③은혜 ④**능력**

98. 신자는 어디 안에 있는가 자기 자신을 시험하라 했나요?(13:5)

①**믿음** ②사랑 ③소망 ④영생

100. 바울 일행은 버림받은 자 같은지라도 그들에게 행하게 하려는 것은?(13:7)

①헌금 ②기도 ③**선** ④악

101. "진리를 거슬러 아무 것도 할 수 없는" 사람은 누구인가?(13:8)

①**신자** ②유대인 ③불신자 ④나라의 임금

102. 바울은 고린도 신자들의 어떠함을 위해 늘 기도하였나요?(13:9)

①부자가 되는 것 ②**온전하게 됨**

③자랑할 것이 많음 ④은사가 넘침

103. 신자는 서로 거룩하게 입맞춤으로 무엇을 해야 하나요?(13:11)

①축복 ②용서 ③**문안** ④용납

104. 바울은 축복하면서 주 예수 그리스도의 무엇이라고 했나요?(13:13)

①**은혜** ②자비 ③치료 ④용서

105. 바울은 축복하면서 하나님의 무엇이라고 했나요?(13:13)

①용서 ②**사랑** ③축복 ④보호

106. 바울은 축복하면서 성령의 무엇이라고 했나요?(13:13)

①보호하심 ②인도하심

③**교통하심** ④교제하심

갈라디아서

1. 예수님과 하나님에 의해서 사도가 되었다고 한 사람은 누구인가?(1:1)

①베드로 ②**바울** ③디모데 ④바나바

2. 예수님은 어디에서 우리를 건지시려고 자기 몸을 주셨나요?(1:4)

①멸망에서 ②죄에서 ③저주로부터 ④**악한 세대에서**

3. 속히 떠나 다른 복음을 따라갔던 교회는 어디인가요?(1:6)

①고린도 교회 ②데살로니가 교회

③**갈라디아 교회** ④에베소 교회

4. 천사라도 다른 복음을 전하면 어떻게 된다고 했나요?(1:8)

①멸망 ②지옥에 감 ③**저주를 받음** ④죽음

5. 사람들의 기쁨을 구했다면 누구의 종이 아니라 했나요?(1:10)

①아브라함 ②**그리스도** ③사람들 ④교회

6. 예수그리스도의 계시로 말미암은 것은 무엇인가요?(1:11-12)

①영생 ②진리 ③구원 ④**복음**

7. 바울이 동족의 같은 연갑자보다 지나치게 믿었던 것은 무엇인가요?(1:14)

①그리스도교 ②**유대교** ③로마교 ④애굽의 종교

8. 먼저 사도 된 자들을 만나려고 어디로 가지 않는다고 했나요?(1:17)

①아라비아 ②안디옥 ③다메섹 ④**예루살렘**

9. 바울은 어머니의 태에서부터 하나님께 어떻게 되었다고 했나요?(1:15)

①보호를 받음 ②사랑을 받음 ③**택정 됨** ④임명 됨

10. 바울이 십사 년 후, 바나바와 함께 디도를 데리고 간 곳은 어디인가요?(2:1)

①안디옥 ②갈라디아 ③**예루살렘** ④고린도

11. 바울이 자기를 따르는 디도에게 억지로 하지 않은 것은 무엇인가요?(2:3)

①**할례** ②유대인으로 귀화 ③이름을 고쳐줌 ④세례

12. 바울은 자신이 누구에게 복음전함을 맡았다고 했나요?(2:7)

①유대인 ②할례자 ③외국에 있는 유대인 ④**무할례자**

13. 야고보, 게바, 요한이 친교의 악수를 한 사람들은 누구인가요?(2:9)

①**바울, 바나바** ②디도, 디모데

③바울, 디도 ④바나바, 베드로

14. 이방인들과 함께 음식을 먹다가 도망친 사람은 누구인가요?(2:12)

①디도 ②**게바** ③요한 ④야고보

15. 율법의 행위로써는 의롭다 함을 얻을 수 없는 것은 무엇인가요?(2:16)

①**육체** ②마음 ③정신 ④영혼

16. 바울이 율법에 대하여 죽은 것은 무엇에 대하여 살려고 함인가요?(2:19)

①죄에 대하여 ②**하나님에 대하여** ③사망에 대하여

17. 바울은 자신이 그리스도와 함께 어떻게 되었다고 했나요?(2:20)

①의롭게 됨 ②핍박을 받음

③**십자가에 못 박힘** ④음부에 내려감

18. 율법으로 의롭게 되면 예수님의 죽으심이 어떻게 되나요?(2:21)

①**헛 됨** ②믿음과 함께 ③하나님께 영광 ④율법의 완성

19. 신자가 성령을 받는 방법은 무엇인가요?(3:2)

①율법의 행위로 ②기도로 ③사도의 안수로 ④**듣고 믿음으로**

20. 무엇으로 말미암은 자들을 아브라함의 자손이라 했나요?(3:7)

①율법으로 ②**믿음으로** ③축사로 ④사도의 선포로

21. 하나님 앞에서 믿음으로 사는 자를 누구라 하나요?(3:11)

①하나님의 백성 ②죄인 ③**의인** ④용서받아야 할 죄인

22. 하나께서 정하신 언약보다 430년 후에 만들어진 것은 무엇인가요?(3:17)

①**율법** ②제사법 ③성경 ④계명

23. 사람이 죄를 지으므로 더하여진 것은 무엇인가요?(3:19)

①계명 ②제사법 ③십계명 ④**율법**

24. 무엇이 모든 것을 죄 아래에 가두었다고 했나요?(3:22)

①율법 ②**성경** ③율례 ④계명

25. 율법은 우리를 누구에게로 인도하는 초등교사가 되었나요?(3:24)

①성경 ②**그리스도** ③교회 ④사도들

26. 신자는 누구에 의해서 믿음으로 하나님의 자녀가 되나요?(3:26)

①성령 ②사도들 ③전도자 ④**예수님**

27. 유업을 이을 자가 어리면 정한 때까지 누구 아래에 있나요?(4:2)

①**후견인, 청지기** ②집안의 어른

③부탁을 받은 사람 ④친척

28. 아들의 영을 받은 신자는 하나님을 무엇이라 부르나요?(4:6)

①주인 ②하나님 아버지 **③아빠 아버지** ④사랑하는 하나님

29. 바울은 갈라디아 신자들에게 어떻게 되기를 부탁하였나요?(4:12)

①율법에 순종 ②예수님을 사랑함

③선지자들처럼 **④바울과 같이**

30. 바울이 갈라디아 교회에 해산의 수고를 통하여 이룬 것은?(4:19)

①바울의 형상 **②그리스도의 형상** ③게바의 형상

31. 여종과 자유 있는 여자로부터 각각 아들을 낳은 사람은?(4:22)

①이삭 ②바울 ③이사야 **④아브라함**

32. 예루살렘을 누구라 가리키며 신자들의 어머니라 했나요?(4:26)

①후견인 **②자유자** ③청지기 ④종

33. 신자는 이삭과 같이 어떠하다 하였나요?(4:28)

①아브라함의 자녀 ②율법의 자녀 **③약속의 자녀**

34. 여종의 아들은 무엇을 얻지 못한다고 했나요?(4:30)

①유업 ②구원 ③성령 충만 ④약속

35. 자유자 된 신자들이 다시 메어서는 안 될 것은 무엇인가요?(5:1)

①**종의 멍에** ②구습 ③율법의 멍에 ④예수님의 십자가

36. 신자에게 믿음을 따라 의의 소망을 기다리게 해주는 것은?(5:5)

①하나님의 약속 ②예수님의 보혈 ③율법 ④**성령**

37. 예수님 안에서는 할례나 무할례나 어떠하다고 했나요?(5:6)

①효력이 있다 ②**효력이 없다** ③율법의 완성 ④구속

38. 신자를 신앙에서 요동하도록 하는 사람은 어떻게 되나요?(5:10)

①칭찬을 받음 ②**심판을 받음** ③자기를 세움 ④상을 받음

39. 오직 사랑으로 서로 종노릇을 해야 될 사람은 누구인가요?(5:13)

①**신자** ②사도들 ③교회의 직분자 ④불신자

40. 육체의 소욕을 이루지 않으려면 어떻게 해야되나요?(5:16)

①율법을 따름 ②성경을 지킴

③교훈을 받음 ④**성령을 따름**

41. 육체의 일은 모두 몇 가지인가요?(5:19-21)

①열 가지 ②열두 가지 ③**열다섯 가지** ④스무 가지

42. 신자가 맺어야 될 성령의 열매는 몇 가지인가요?(5:22-23)

①일곱 가지 **②아홉 가지** ③열 가지 ④열두 가지

43. 신자들이 서로 상대의 짐을 지면 무엇을 성취하게 되나요?(6:2)

①그리스도의 법 ②성령의 법 ③율법 ④계명

44. 신자들은 살아가면서 각각 무엇을 살펴야 하나요?(6:4)

①지체들의 일 ②교회의 일 **③자기의 일** ④남의 일

45. 가르침을 받는 자가 모든 좋은 것을 함께 할 사람은 누구인가?(6:6)

①전도자 ②목회자 ③인도자 **④말씀을 가르치는 자**

46. 성령을 위하여 심으면 성령으로부터 거두게 해주시는 것은?(6:8)

①생명 ②구원 ③은혜 **④영생**

47. 신자가 선을 행할 때, 지녀야 할 마음 자세는 무엇인가요?(6:9)

①상급을 바라봄 **②낙심하지 않음**

③오래 참음 ④열매를 기다림

48. 신자가 더욱 믿음의 가정들에게 해야 되는 것은 무엇인가요?(6:10)

①착한 일 ②믿음을 살핌 ③덕이 있는가를 관찰 ④떡을 뗌

49. 예수님의 십자가 외에는 자랑할 것이 없다고 한 사람은 누구인가?(6:14)

①아볼로 ②야고보 ③**바울** ④디모데

50. 바울은 자기의 몸에 무엇을 지녔다고 했나요?(6:17)

①그리스도의 십자가 ②**예수의 흔적**

③무할례 ④아브라함의 의

에베소서

1. 바울이 에베소 교회의 신자들에게 빌어준 축복의 내용은?(1:2)

①부요, 번성　②자비, 긍휼　③**은혜, 평강**　④구원, 장수

2. 신자는 창세 전에 누구 안에서 하나님께 택하여졌나요?(1:4)

①성경　②**그리스도**　③아브라함　④율법

3. 신자는 그리스도 안에서 그의 피로써 어떻게 되었나요?(1:7)

①신자가 됨　②천국 열쇠를 받음
③할례를 받음　④**죄 사함을 받음**

4. 하늘과 땅에 있는 것이 어디에서 통일되게 하려 했나요?(1:10)

①성경으로　②**그리스도 안에서**　③아브라함 안에서

5. 구원의 복음을 듣고, 믿어 약속의 무엇으로 인치심을 받았나요?(1:13)

①기업　②**성령**　③방언　④면류관

6. 바울이 기도할 때 에베소 신자들 때문에 무엇을 그치지 못했나요?(1:16)

①기쁨　②찬송　③축복　④**감사**

7. 하나님을 알게 하시려고 영광의 아버지 께서 무엇을 주셨나요?(1:17)

①**지혜와 계시의 영** ②거룩과 성결의 영

③은사의 영 ④성령충만

8. 하나님이 그리스도를 살리시고 주셨던 것이 아닌 것은 무엇인가?(1:21)

①통치 ②**보좌** ③권세 ④능력

9. "교회는 그의 몸이니"에서 그는 누구를 가리키나요?(1:23)

①천사 ②**그리스도** ③하나님 ④전도자

10. 허물과 죄로 죽었던 인생을 누가 살려주셨나요?(2:1)

①**예수님** ②사도들 ③하나님 ④전도자

11. 허물로 죽은 우리는 누구와 함께 살게 되었나요?(2:5)

①아브라함 ②**그리스도** ③제자들 ④사도들

12. 죄인이었던 우리가 믿음으로 말미암아 받은 것은 무엇인가요?(2:8)

①**구원** ②죄 용서 ③은혜 ④선물

13. 은혜에 의해 믿음으로 말미암은 구원을 무엇이라 하였나요?(2:8)

①행위의 결과 ②믿음의 열매 ③**하나님의 선물** ④보상

14. 우리는 예수안에서 무엇을 위해 지으심을 받았나요?(2:10)

①**선한 일을 위하여** ②주님의 영광을 위하여 ③ 찬송하기 위하여

15. 예수님은 죄인이었던 우리에게 무엇이라고 하셨나요?(2:14)

①**화평** ②육체 ③막힌 담 ④심판

16. 우리가 하나님과 원수 된 것을 예수님은 어떻게 하셨나요?(2:16)

①율법으로 구원 ②**십자가로 소멸**

③율법을 폐함 ④죄 사하심

17. 하나님과 화목하게 된 사람은 하나님께 무엇이 되었나요?(2:19)

①신자 ②상속자 ③**하나님의 권속** ④교인

18. 예수 그리스도께서 친히 어디 돌이 되셨나요?(2:20)

①주추돌 ②**모퉁잇돌** ③디딤돌 ④거침돌

19. "이방인을 위하여 갇힌 자 된"은 누구를 가리키나요?(3:1)

①베드로 ②예수님 ③**바울** ④성령

20. 이방인들은 복음으로 말미암아 예수 안에서 무엇이 되었나요?(3:6)

①신자 ②**상속자** ③하나님의 권속 ④교인

21. "지극히 작은 자보다 더 작은 나에게는"은 누구인가요?(3:8)

①요한 ②아볼로 ③**바울** ④베드로

22. 하나님 속에 감추어졌던 영원한 무엇을 드러내게 하시나요?(3:9)

①성령의 역사 ②**비밀의 경륜** ③영원 ④만물의 창조

23. 우리가 담대하게 하나님께로 나아가게 해주는 것은 무엇인가요?(3:12)

①하나님의 뜻 ②**예수님을 믿음**

③바울을 따름 ④신자의 열심

24. 속사람을 능력으로 강건하게 해주는 것은 무엇인가요?(3:16)

①바울의 기도 ②하나님의 뜻 ③교회 ④**성령**

25. 신자에게 뿌리가 박히고 터가 굳어지도록 해주는 것은?(3:17)

①교훈 ②**사랑** ③복음 ④사도들의 기도

26. 우리가 알아가야 하는 지식에 넘치는 것을 무어라 했나요?(3:18)

①바울의 사랑 ②성경 ③**그리스도의 사랑** ④사도들의 기도

27. 부르심을 받은 일에 합당하게 행하라고 권면한 사람은?(4:1)

①요한 ②아볼로 ③**바울** ④베드로

28. 주, 믿음, 세례, 하나님을 말하면서 하나를 강조한 사람은 누구인가?(4:5)

①요한 ②디모데 ③야고보 ④**바울**

29. 사도, 선지자, 복음 전하는 자, 목사, 교사를 주신 이는 누구인가?(4:11)

①하나님 ②**예수님** ③천사 ④성령

30. 신자는 어디 안에서 참된 것을 하여 범사에 자라가라 하였나요?(4:15)

①성경 안에서 ②믿음 안에서

③율법 안에서 ④**사랑 안에서**

31. 그 마음의 허망한 것으로 행하는 사람은 누구인가요?(4:17)

①로마인 ②**이방인** ③외국 사람 ④유대인

32. 유혹의 욕심을 따라 썩어져 가는 구습을 따르는 자는 누구인가?(4:22)

①거듭난 사람 ②새 사람 ③**옛 사람** ④유대인

33. 하나님을 따라 의와 진리의 거룩함으로 지으심을 받은 사람은?(4:24)

①아브라함의 후손 ②옛 사람 ③유대인 ④**새 사람**

34. 신자가 입 밖에도 내지 말고, 오직 덕을 세워야 할 말은 무엇인가?(4:29)

①**선한 말** ②더러운 말 ③헛된 말 ④나쁜 말

35. 예수님이 우리를 사랑하사, 자기를 버리시고 누구에게 드렸나요?(5:2)

①**하나님께 드림** ②스스로 죽으심

③음부에 드려짐 ④사탄에게 드려짐

36. 누구든지 어떤 말로 신자를 속이지 못하게 하라 했나요?(5:6)

①더러운 말 ②**헛 된 말** ③무시하는 말 ④음란한 말

37. 모든 착함, 의로움, 진실함의 열매는 무엇의 열매인가요?(5:9)

①믿음의 열매 ②바울의 수고 ③**빛의 열매** ④사랑의 수고

38. 때가 악하기 때문에 신자가 주의해야 할 것은 무엇인가요?(5:16)

①시간을 선용함 ②**세월을 아낌** ③악을 대적함 ④전도를 함

39. 술 취하는 것은 방탕한 것이므로 무엇을 받아야 하나요?(5:18)

①**성령의 충만** ②하나님의 말씀 ③영분별의 은사

40. 신자는 누구를 경외하면서 서로가 복종해야 하나요?(5:21)

①성령 ②사도 ③**그리스도** ④교회의 지도자

41. 교회의 머리가 되시는 예수님은 친히 몸의 무엇이 되시나요?(5:23)

①열매 ②**구주** ③주인 ④대표

42. 물로 씻어 무엇으로 깨끗하게 하사 거룩하게 하셨나요?(5:26)

①보혈 ②십자가 ③**말씀** ④은혜

43. 남편들은 아내 사랑하기를 무엇과 같이 해야 하나요?(5:28)

①이웃 ②가족 ③**자기 자신** ④주인

44. 자녀가 주 안에서 부모에게 순종하면 어떠하다 하였나요?(6:1)

①**옳음** ②복을 받음 ③착한 일 ④상 받을 일

45. 오직 주의 교훈과 훈계로 양육해야 될 대상은 누구인가요?(6:4)

①어린이 ②청년들 ③**자녀** ④세상 사람들

46. 그리스도에게 하듯 누구에게 순종해야 하나요?(6:5)

①**육체의 상전** ②친구들 ③어린이 ④이웃 사람

47. 주인의 밑에서 일을 하는 사람은 어떻게 섬겨야 하나요?(6:7)

①돈을 받는 만큼 ②약속이 된 만큼 ③성실하게 ④**기쁜 마음**

48. 신자가 하나님의 전신갑주를 입어야 하는 까닭은 무엇인가요?(6:11)

①**마귀를 대적함** ②신자의 증명

③죄를 이기려고 ④하나님의 명령

49. 모든 기도와 간구를 하되 어떻게 기도해야 하나요?(6:18)

①쉬지 않는 기도 ②때때로 기도

③**늘 성령 안에서** ④주님안에서

50. 복음의 비밀을 담대히 알리도록 기도를 부탁한 사람은 누구인가요?(6:19)

①요한 ②디모데 ③야고보 ④**바울**

51. 바울에게 사랑을 받은 형제요, 주 안에서 진실한 일꾼은 누구인가?(6:21)

①디도 ②디모데 ③야고보 ④**두기고**

빌립보서

1. 빌립보의 신자들에게 착한 일을 시작하신 이는 누구인가요?(1:6)

①**하나님** ②바울 ③빌립보 교회의 감독 ④천사

2. 신자가 하나님의 영광과 찬송이 되려면 무엇이 가득해야 하나요?(1:11)

①율법을 지킴 ②**의의 열매** ③이웃 사랑 ④말씀에 순종

3. 신자들 중에서 투기와 분쟁으로 행한것은 무엇인가요?(1:15)

①**복음의 전파** ②서로 다툼

③교리를 주장함 ④교회를 분열

4. 겉치레로 하나 참으로 하나 전파되는 것은 무엇이었나요?(1:18)

①교회 ②**그리스도** ③말씀 ④유대인의 전통

5. 자기의 몸에서 그리스도가 존귀하게 되기를 원한 사람은 누구인가요?(1:20)

①요한 ②디모데 ③야고보 ④**바울**

6. 신자는 세상에서 무엇에 합당하기를 원해야 하나요?(1:27)

①진리 ②말씀 ③**복음** ④율법

7. 자기보다 남을 낫게 여기려면 어떤 자세로 해야 하나요?(2:3)

①교만한 마음 ②**겸손한 마음** ③착한 마음 ④행복한 마음

8. 거듭난 사람은 자기의 마음에 무엇을 품어야 하나요?(2:5)

①잘 되는 마음 ②높아지는 마음

③**예수님의 마음** ④착한 마음

9. 예수님은 자기를 낮추심을 어디에 이르도록 보여주셨나요?(2:8)

①**십자가에 죽으심** ②종이 되심 ③복종하심 ④오래 참으심

10. 신자가 세상에서 두렵고 떨림으로 이루어야하는 것은 무엇인가요?(2:12)

①축복 ②**구원** ③열매 ④의로움

11. 신자가 모든 일을 원망과 시비가 없이 해야 하는 이유는?(2:13-14)

①욕심 ②생각 ③다짐의 실천 ④**소원을 이룸**

12. 바울은 신자들이 자기와 함께 어떻게 해주기를 원했나요?(2:18)

①함께 먹자 ②남을 도우라 ③사랑하라 ④**기뻐하라**

13. 신자는 세상에서 있는 동안에 무엇을 구해야 하나요?(2:21)

①자기의 일 ②**예수님의 일** ③다른 사람의 일 ④율법의 일

14. 바울이 형제라 여기고, 함께 수고하고, 군사 된 사람은?(2:25)

①**에바브로디도** ②디모데 ③디도 ④아볼로

15. 개들, 행악하는 자들, 몸을 상해하는 일을 하는 자들과의 관계는?(3:2)

① **삼가라** ②전도하라 ③받아주라 ④교제하라

16. 신자는 하나님과 사람들에게 봉사할 때, 무엇으로 하나요?(3:3)

① 율법을 따름 ②성경의 지식 ③**하나님의 성령** ④사랑

17. 바울은 누구를 아는 지식이 가장 고상하다고 했나요?(3:8)

①하나님 ②**예수님** ③구원의 진리 ④교회

18. 바울은 자신이 가진 의가 어떻게 이루어졌다고 했나요?(3:9)

①하나님의 예정 ②**예수님을 믿음으로**

③천사로부터 ④성경에서

19. 앞에 있는 것을 잡으려고 무엇을 향하여 달려갔나요?(3:13-14)

①목표 ②꿈 ③**푯대** ④그리스도

20. 그들의 마침은 멸망이요 그들은 무엇을 신으로 여겼나요?(3:19)

①**배** ②황금 ③땅의 것 ④우상

21. 바울은 우리의 시민권은 어디에 있다고 하였나요?(3:20)

①땅 ②**하늘** ③마음 ④교회

22. 우리를 자기 영광의 몸과 같이 변하게 하시는 분은 누구신가요?(3:21)

①**예수님** ②사도들 ③성령 ④천사

23. 유오디아를 권하고, 순두게를 권하면서 부탁한 것은 무엇인가요?(4:2)

①사랑하라 ②**같은 마음을 품으라**

③하나가 되라 ④함께 서라

24. 하나님의 평강이 그리스도 예수 안에서 지켜주시는 것은 무엇인가?(4:7)

①**마음, 생각** ②지식, 지혜 ③은혜, 보호 ④건강, 부요

25. "배우고, 받고, 듣고, 본 바를 행하라"는 누가 한 말인가요?(4:9)

①성령 ②야고보 ③**바울** ④디모데

26. 우리는 무엇을 주시는 자 안에서 모든 것을 할 수 있나요?(4:13)

①힘 ②지식 ③**능력** ④평강

27. 주 예수 그리스도의 은혜가 어디에 있기를 축복했나요?(4:23)

①교회 ②가정 ③**심령** ④가족

골로새서

1. 골로새 신자들에게 진리를 가르쳐주고, 돌보아준 사람은?(1:7)

①아볼로　②디모데　③**에바브라**　④디도

2. 하나님을 아는 것에 자라기를 위한 기도는 누가 했나요?(1:9-10)

①**바울**　②디두모　③바나바　④디도

3. 우리를 흑암의 권세에서 건져 아들의 나라로 옮겨준 이는?(1:13)

①성령　②**하나님**　③바울　④에바브라

4. 예수님의 십자가의 피로 이루어진 것은 무엇인가요?(1:20)

①구속　②천국 백성　③아브라함의 자손　④**화평**

5. 바울이 교회를 위해 자기의 몸에 채우겠다고 한 것은 무엇인가?(1:24)

①예수님의 피　②**그리스도의 남은 고난**

③성령　④예수님이 살

6. 바울은 무엇을 이루려고 교회의 일꾼이 되었다고 했나요?(1:25)

①전도여행　②**하나님의 말씀**　③사랑의 실천　④율법의 완성

7. 이방인들에게 풍성한 비밀의 영광은 무엇인가요?(1:27)

①은혜 ②성경을 아는 지식 ③**그리스도** ④하나님이 나라

8. 골로새 신자들이 깨닫기 원한 하나님의 비밀은 무엇인가?(2:2)

①**그리스도** ②천국 백성 ③언약 ④구원의 교리

9. 그들이 사로잡힐까 주의해야 할 것은 철학과 무엇인가요?(2:8)

①율법 ②다른 복음 ③거짓말 ④**헛된 속임수**

10. 우리를 예수님과 함께 살리시고, 죄를 용서해주신 분은 누구인가?(2:13)

①바울 ②아리마대 사람 요셉 ③천사 ④**하나님**

11. 우리를 거스르고 불리하게 하는 증서의 내용은 무엇인가?(2:14)

①서기관이 쓴 증서 ②**법조문** ③율법 ④계명

12. 십자가는 통치자들과 권세들을 어떻게 이기게 하셨나요?(2:15)

①**무력화하여** ②죄를 드러내어

③무효가 되게 해서 ④회개케 하여

13. 신자는 무엇에 대하여 그리스도와 함께 죽었나요?(2:20)

①성경의 예언 ②하나님의 뜻 ③율법 ④**초등학문**

14. 그리스도와 함께 살리심을 받은 자가 추구해야 할 것은 무엇인가요?(3:1)

①땅의 것에 충실 ②주님을 바라봄

③죄를 거절 **④위의 것을 찾음**

15. 음란, 부정, 사욕, 악한 정욕, 탐심으로 말미암아 오는 것은?(3:5-6)

①하나님의 진노 ②죄를 지음 ③정욕에 끌림 ④사탄에게 기회

16. 우리가 거룩하고 사랑을 받는 자처럼 지내야 할 이유는 무엇인가요?(3:12)

①성령의 감동 ②하늘에 속해서 **③하나님이 택하셔서**

17. 모든 것 위에 사랑을 더해야 하는 까닭은 무엇인가요?(3:14)

①신자라서 **②온전하게 매여줌** ③사랑이 제일 ④계명에 순종

18. 믿는 자들의 마음은 무엇이 주장하도록 해야 하나요?(3:15)

①성령의 인도 ②율법 ③하나님이 말씀 **④그리스도의 평강**

19. 주 안에서 마땅한 것으로 아내는 남편에게 어떻게 해야 하나요?(3:18)

①겸손하라 ②사랑하라 **③복종하라** ④조용하라

20. 주 안에서 기쁘게 하는 것으로 자녀는 부모에게 어떻게 해야하나요?(3:20)

①사랑하라 **②순종하라** ③즐겁게 하라 ④존경하라

21. 주를 두려워하여 종들은 상전들에게 어떠한 마음으로 해야하나요?(3:22)

①눈가림으로 **②성실한 마음**

③보수에 맞게 ④주인의 눈치를 보며

22. 우리가 쉬지 않으며, 감사함으로 깨어있어야 할 것은 무엇인가?(4:2)

①착한 일 **②기도** ③이웃 사랑 ④전도

23. 은혜 가운데서 소금으로 맛을 냄과 같이 해야 하는 것은 무엇인가?(4:6)

①권면 ②기도 **③신자의 말-언행** ④사랑의 봉사

24. 바울의 사정을 골로새의 신자들에게 알려준 사람은 누구인가요?(4:7)

①두기고 ②디모데 ③데마 **④바나바**

25. 바울이 골로새의 신자들에게 영접해달라고 부탁한 사람은?(4:10)

①아볼로 ②데마 **③마가** ④디모데

26. 바울이 사랑 받는 의사라고 말한 사람은 누구인가요?(4:14)

①에바브라 ②데마 ③마가 **④누가**

27. 바울는 골로새서를 어디에 보내어 읽게 하라고 하였나요?(4:16)

①에베소 **②라오디게아** ③서머나 ④빌라델비아

데살로니가전서

1. 바울과 실루아노, 디모데가 편지를 보낸 교회는 어디인가요?(1:1)

①에베소 ②**데살로니가** ③골로새 ④빌립보

2. 믿음의역사, 사랑의수고, 소망의 인내를 기억하게 한 곳은?(1:3)

①에베소 교회 ②**데살로니가 교회**

③골로새 교회 ④빌립보 교회

3. 데살로니가의 신자들이 바울과 주님을 본 받게 한 것은?(1:6)

①기쁨 ②성령 ③**말씀** ④환난

4. 이들은 마게도냐와 아가야에 있는 신자들에게 무엇이 되었나요?(1:7)

①**믿는 자의 본** ②소문이 난 교회 ③바울의 감사 ④성령이 증거

5. 하나님을 향한 믿음의 소문이 각처에 퍼진 교회는 어디인가요?(1:8)

①에베소 교회 ②**데살로니가 교회** ③골로새 교회

6. 장래의 노하심에서 우리를 건지시는 이는 누구인가요?(1:10)

①하나님 ②바울 ③**예수님** ④천사

7. 예수님이 어디로부터 강림하실 것을 기다린다고 하였나요?(1:10)

①구름　②**하늘**　③예루살렘　④하나님의 나라

8. 복음을 전하다 빌립보에서 고난과 능욕을 당한 사람은 누구인가?(2:2)

①마가　②베드로와 그 일행　③루디아　④**바울과 그 일행**

9. 하나님께서 옳게 여기셔서 복음을 맡긴 사람은 누구인가?(2:4)

①바나바와 일행　②게바와 일행　③디도와 일행　④**바울과 일행**

10. 사람에게서 영광을 구하려 하지 않은 사람은 누구인가요?(2:6)

①베드로와 그 일행　②오네시모　③**바울과 그 일행**　④바나바

11. 복음을 전하면서 아무에게도 폐를 끼치지 않으려고 무엇을 했나요?(2:9)

①선교비를 요청함　②**밤낮으로 일함**

③작정 기도를 함　④기간을 정해 금식함

12. 바울 일행이 아버지가 자기 자녀에게 하듯 한 것은 무엇인가요?(2:11)

①**권면, 위로, 경계**　②도와줌　③나무람　④믿음, 소망, 사랑

13. 하나님의 말씀은 어디 가운데에서 역사한다고 하였나요?(2:13)

①사도 안에서　②**믿는 자 가운데**　③불신자들에게　④교회

14. 주 예수와 선지자들을 죽이고 신자들을 쫓아낸 자들은 누구인가?(2:15)

①바리새인 ②이방인 ③**유대인** ④사두개인

15. 예수님이 다시 오실 때 바울 일행에게 자랑의 면류관은 누구인가요?(2:19)

①에베소 교회 ②**데살로니가 교회**

③골로새 교회 ④빌립보 교회

16. 바울이 디모데를 형제라 하면서 보내기를 원했던 교회는 어디인가?(3:2)

①사데 교회 ②로마 교회 ③**데살로니가 교회** ④빌립보 교회

17. 데살로니가 교회가 환난을 당할 때 누구를 보내 위로해 주었나요?((3:2-3)

①바울 ②**디모데** ③오네시모 ④아볼로

18. 바울 일행이 궁핍과 환난 가운데 있을 때에 믿음으로 힘을 준 교회는?(3:7)

①**데살로니가 교회** ②로마 교회 ③서머나 교회 ④에베소 교회

19. 데살로니가 신자들이 어떠할 때, 바울이 산다고 했나요?(3:8)

①**주 안에 굳게 섬** ②교회를 사랑함 ③기도함 ④성령 충만함

20. 성도들의 부족한 믿음을 보충하기 위해 주야로 기도한 사람은?(3:10)

①바나바 ②**바울** ③실루아노 ④누가

21. 데살로니가 신자들이 피차간에 어떻게 지내라고 하였나요?(3:12)

①믿음이 더욱 넘치게 ②소망이 더욱 넘치게

③**사랑이 더욱 넘치게** ④은혜가 더욱 넘치게

22. 예수님께서 강림하실 때 함께할 사람들은 누구인가요?(3:13)

①천사들 ②아브라함 ③**그의 모든 성도** ④선지자들

23. 예수님께서 다시 오실 때, 거룩함에 대하여 어떠해야 하나요?(3:13)

①단장을 해야 ②인정을 받아야 ③풍성해야 ④**흠이 없어야**

24. 신자가 하나님께 대하여 자신을 거룩하게 해야하는 이유는?(4:3)

①성전정화 ②**하나님의 뜻** ③존경을 받음 ④자기를 위함

25. 색욕을 좇는 것은 누가 즐기는 것인가요?(4:5)

①유대인 ②구신에 사로잡힌 자 ③로마인 ④**이방인**

26. 하나님이 우리를 부르심은 어떻게 하려 하심인가요?(4:7)

①부정하게 ②성결하게 ③존귀하게 ④**거룩하게**

27. 바울이 데살로니가 신자들에게 무엇에 대해 쓸 것이 없다고 하였나요?(4:9)

①부모 공경 ②불신자 사랑 ③**형제 사랑** ④착한 일

28. 마음에 소망이 없는 사람들은 어떻게 된다고 했나요?(4:13)

①**슬퍼함** ②낙심함 ③외로워함 ④비관함

29. 예수님이 다시 오실 때, 누가 먼저 일어난다고 하였나요?(4:16)

①**죽은 자** ②오래 믿은 자 ③자는 자 ④배교한 자

30. 살아있는 신자들은 어디에서 주님을 만나나요?(4:17)

①땅 에서 ②바다 에서 ③**공중 에서** ④하늘 에서

31. 예수님을 공중에서 영접한 후에는 어떻게 되나요?(4:17)

①심판을 받음 ②**항상 주와 함께**

③천국으로 올라감 ④천사가 됨

32. 데살로니가 신자들이 밤에 도둑 같이 이를 줄 알던 것은?(5:2)

①심판 ②**주의 날** ③도둑이 오는 것 ④거짓 선지자

33. 오직 깨어서 정신을 차리고 있어야 될 사람은 누구인가요?(5:6)

①불신자 ②교회의 지도자 ③죄인 ④**신자**

34. 신자들에게 구원을 받게 하시려고 우리에게 하나님이 하신 것은?(5:9)

①보호하심 ②**세워주심** ③인도하심 ④내주하심

35. 악으로 악을 갚지 말고, 항상 무엇을 따라야 하나요?(5:15)

①**선** ②말씀 ③빛 ④어둠

36. 기뻐하고, 기도하고, 감사해야 하는 시간은 언제인가요?(5:17)

①아침에 ②매일 ③**항상** ④주의 날에

37. 데살로니가 신자들이 소멸하지 말아야 할 것은 무엇인가요?(5:19)

①**성령** ②말씀 ③기쁨 ④생명

38. 신자들이 취해야 할 것과 버려야 할 것은 무엇인가요?(5:21-22)

①착한 일, 나쁜 일 ②**좋은 것, 악**

③참말, 거짓말 ④친구, 편한 것

39. 예수님께서 강림하실 때, 흠 없게 보전되어야 하는 것은?(5:23)

①몸, 정신, 의지 ②영, 성령, 말씀

③**영, 혼, 몸** ④마음, 생각, 행동

데살로니가후서

1. 데살로니가 신자들의 인내와 믿음을 자랑한 사람들은 누구인가?(1:4)

①베드로와 일행 ②아볼로와 일행

③**바울과 일행** ④마가와 일행

2. 환난을 받게 하는 자들에게 하나님의 보응은 무엇인가요?(1:6)

①용서를 받음 ②**환난을 당함** ③깨닫게 하심 ④심판을 받음

3. 신자가 환난을 받을 때, 하나님께서 갚아주시는 은혜는 무엇인가?(1:7)

①**안식을 주심** ②격려해주심 ③기도하게 하심 ④은혜를 주심

4. 다시 오시는 예수님은 하늘로부터 어떻게 나타나시나요?(1:7)

①구름 ②**불꽃** ③불빛 ④영광

5. 하나님을 모르는 자들, 복음에 복종하지 않는 자들이 받을 벌은?(1:8)

①내버려둠 ②징계를 받음 ③**형벌을 내리심** ④어렵게 됨

6. 예수님이 강림하시면 누가 영광을 드린다고 했나요?(1:10)

①불신자들 ②무덤에 있던 자들 ③사도들 ④**신자들**

7. 데살로니가 교회를 위하여 쉬지 않고 기도하는 사람은 누구인가요?(1:11)

①바나바 일행 ②아볼로 일행 ③**바울 일행** ④마가 일행

8. 불법의 사람이 나타난 후에 무엇을 보게 되나요?(2:3)

①거짓 선지자 ②적그리스도 ③**예수님의 오심** ④사단

9. 불법의 사람은 성전에 앉아서 자기를 누구라 내세우나요?(2:4)

①심판자 ②**하나님** ③선지자 ④그리스도

10. 예수님께서 오실 때, 불법의 사람을 어떻게 죽이시나요?(2:8)

①칼로 ②**주님의 입의 기운으로**

③숨이 막히게 ④그를 굶기심으로

11. 악한 자의 나타남은 누구를 따라 표적과 거짓 기적을 행하나요?(2:9)

①마귀 ②**사탄의 활동** ③거짓 선지자 ④타락한 천사

12. 진리의 사랑을 받지 않으면 구원함에는 어떻게 되나요?(2:10)

①구원에서 떨어짐 ②**구원 받지 못함** ③구원을 모름

13. 진리를 믿지 않고, 불의를 좋아하면 그 결과는 어떻게 되나요?(2:12)

①**심판을 받음** ②예수님을 믿지 못함 ③악하게 됨 ④타락함

14. 예수님께서는 우리를 무엇으로 부르시어 영광을 얻게하나요?(2:14)

①진리 ②**복음** ③말씀 ④능력

15. 바울은 데살로니가 신자들이 무엇을 지키기 원하였나요?(2:15)

①계명 ②**전통** ③진리 ④율법

16. 주의 말씀이 퍼져 나가 영광스럽게 되기를 원한 사람은 누구인가요?(3:1)

①**바울** ②루디아 ③야고보 ④마가

17. 주님은 어떠하셔서 신자를 굳건하게 하시고, 지켜주시나요?(3:3)

①죄가 없으시다 ②**미쁘시다**

③자비로우시다 ④공의로우시다

18. 예수님께서는 사람의 어느 부분을 인도하신다고 했나요?(3:5)

①생각 ②믿음 ③행동 ④**마음**

19. "누구든지 일하기 싫어하거든" 어떻게 하라 하였나요?(3:10)

①자지도 말라 ②**먹지도 말라** ③교회에서 떠나라

20. 신자들이 선을 행하다가 하지 말아야 할 것은 무엇인가요?(3:13)

①인내함 ② 포기함 ③실망함 ④**낙심함**

21. 순종하지 않는 사람을 멀리하되, 무엇을 알게 해야 하나요?(3:15)

①**부끄러움** ②교만함 ③겸손함 ④성실함

22. 하나님께 순종하지 않는 사람은 책망하되 어떻게 여겨야 하나요(3:15)

①원수 같이 ②**형제 같이** ③가족 같이 ④이웃 같이

23. 평강의 주께서는 때마다, 일마다 어떻게 해주시나요?(3:16)

①소망을 주심 ②인내하게 하심

③**평강을 주심** ④믿음을 주심

디모데전서

1. 바울은 믿음 안에서 참 아들이라고 부른 사람은 누구인가요?(1:2)

①**디모데** ②마가 ③바나바 ④베드로

2. 신화와 끝없는 족보에 몰두하면 무엇을 이루지 못하나요?(1:4)

①율법의 완성 ②**하나님의 경륜** ③구원의 길 ④하늘의 비밀

3. 디모데 전서의 교육 목적에 맞지 않는 것은 무엇인가요?(1:5)

①청결한 마음 ②선한 양심 ③**뜨거운 열정** ④거짓이 없는 믿음

4. 율법은 어떤 삶을 사는 사람을 위하여 세운 건가요?(1:9-10)

①**옳지 않은 사람** ②유대인 ③이방인 ④의로운 사람

5. 바울은 예수님께서 자신을 어떻게 여겨주셔서 감사하였나요?(1:12)

①어리석게 여기심 ②능하게 여기심

③부족하게 여기심 ④**충성되이 여기심**

6. "죄인을 구원하시려고 세상에 임하셨다"는 누구인가요?(1:15)

①천사 ②선지자 ③성령 ④**그리스도**

7. 영원하신 왕이며 썩지 않고, 보이지 않고, 홀로 하나이신 분은 누구?(1:17)

①**하나님** ②천사장 ③아브라함 ④예수님

8. 바울은 목회자인 디모데가 갖기를 원했던 것은 무엇인가요?(1:19)

①믿음, 능력 ②소망, 열심 ③**믿음, 착한 양심** ④은혜, 구제

9. 양심을 버리고 믿음에 관하여 파선을 당한 사람은 누구인가?(1:19-20)

①알파치노 ②디도 ③디모데 ④**후메내오**

10. 간구, 기도, 도고, 감사는 누구를 위해서 해야 하나요?(2:1-2)

①병자들 ②**모든 사람들** ③가난한 사람들 ④정치가

11. 하나님은 모든 사람들이 어떻케 되기를 원하시나요?(2:4)

①병에서 나음 ②부자 ③**구원받고 진리를 앎** ④구원받고 복됨

12. 하나님과 사람 사이에 한 사람의 중보자는 누구이신가요?(2:5)

①천사 ②바울 ③아브라함 ④**그리스도 예수**

13. 예수님께서 자기를 속죄의 제물로 누구를 위해 주셨나요?(2:6)

①신자를 위해 ②유대인들을 위해

③**모든 이를 위해** ④로마인들을 위해

14. 신자가 하나님을 섬긴다는 증거로 해야 될 것은 무엇인가요?(2:10)

①자기를 나타냄 ②**선행** ③믿음을 내세움 ④전도를 함

15. 여자는 일체 어떻게 함으로 조용히 배우라 했나요?(2:11)

①절제 ②**순종** ③인내 ④온유

16. 가르치는 것과 남자를 주관하지 못하게 된 사람은 누구인가?(2:12)

①**여자** ②노인 ③청년 ④어린이

17. 여자가 믿음과 사랑과 거룩함에 거하면 이루게 되는 것은?(2:15)

①교인 ②**구원을 얻음** ③하나님의 자녀 ④천국 백성

18. 사람이 감독의 직분을 얻으려면 어떻게 해야 하나요?(3:1)

①**선한 일 사모** ②기도에 열심 ③교회에 충성 ④희생적인 봉사

19. 책망할 것이 없는 사람이 되어야 하는 직분은 무엇인가요?(3:2)

①지도자 ②**감독** ③장로 ④교사

20. 하나님의 교회를 다스리려면 가정에 대해어떻게 해야 하나요?(3:4-5)

①**공손함으로 복종하게 함** ②충실해야 함

③덕이 넘치게 함 ④돌아볼 수 있어야 함

21. 교회 밖에 있는 사람들에게도 인정을 받아야 하는 사람은?(3:2,7)

①지도자 ②**감독** ③장로 ④교사

22. 깨끗한 양심에 믿음의 비밀을 가진 사람에게 주는 직분은?(3:8-9)

①성도 ②**집사** ③교회의 일꾼 ④감독

23. 집사의 직분에 해당되지 않는 기준은 무엇인가요?(3:8-10)

①정중함 ②술에 인 박히지 않음

③책망할 것이 없음 ④**일구이언을 하는 사람**

24. 아름다운 지위와 믿음에 큰 담력을 얻게 되는 직분은 무엇인가?(3:13)

①감독 ②장로 ③**집사** ④전도자

25. 진리의 기둥과 터는 무엇을 가리키나요?(3:15)

①성전 ②예수님 ③율법 ④**하나님의 교회**

26. 미혹케 하는 영과 귀신의 가르침을 좇게 되는 원인은 무엇인가?(4:1)

①죄때문에 ②남을 속임 ③**믿음을 떠남** ④불법을 행함

27. 감사함으로 받으면 버릴 것이 없는 것은 무엇인가요?(4:3-4)

①**모든 음식** ② 땅에 있는 것 ③우상의 제물 ④재물

28. 거룩해지는 방법 두 가지는 무엇인가요?(4:5)

①**말씀, 기도** ②성령, 말씀 ③기도, 은혜 ④은혜, 성령

29. 망령되고 허탄한 신화를 버리고 무엇을 해야 하나요?(4:7)

①봉사를 함 ②쉬지 않고 기도함 ③**경건에 이르는 연습**

30. 육체의 연단은 약간의 유익이 있으나 범사에 유익한 것은?(4:8)

①**경건** ②믿음 ③기도 ④축복

31. 믿는 자에게 본이 되는 항목이 아닌 것은 무엇인가요?(4:12)

①말과 행실 ②사랑과 믿음 ③정절 ④**겸손**

32. 디모데가 전념해야 할 것이 아닌 것은 무엇인가요?(4:13)

①읽는 것 ②**듣는 것** ③권하는 것 ④가르치는 것

33. 디모데의 성숙함을 모든 사람에게 나타내기 위해서 할 일은?(4:15)

①**전심전력** ②깨어서 기도

③말씀에 착념 ④성도를 가르침

34. 읽는 것, 권하는 것, 가르치는 것에 착념하면 그 결과는?(4:16)

①교회를 굳게 함 ②선하게 됨 ③하나되게 함 ④**구원함**

35. 교회 안에서 아버지에게 하듯이 해야 될 대상은 누구인가요?(5:1)

①**늙은이** ②어린이 ③청소년 ④젊은이

36. 교회 안에서 젊은이에게는 누구에게 하듯 해야 하나요?(5:1)

①친구 ②어린이 ③청소년 ④**형제**

37. 주야로 교회에서 간구와 기도를 해야 될 사람은 누구인가?(5:5)

①홀아비 ②결혼 못한 여자 ③**참 과부** ④고아

38. 살았으나 죽었다고 하는 자가 좋아하는 것은 무엇인가?(5:6)

①놀음 ②**향락** ③재물 ④스포츠

39. 자기의 친족, 자기 가족을 돌아보지 않으면 무어라 했나요?(5:8)

①**믿음을 배반함** ②불법을 행함

③악행을 함 ④믿음에서 떨어짐

40. 과부 친척이 있거든 어디다 짐 지우지 않게 하라 했나요?(5:16)

①사회에 ②**교회에** ③이웃집에 ④나라에

41. 장로에게 송사할 때 몇 명의 증인이 있어야 하나요?(5:19)

①한 명 ②**두세 명** ③네다섯 명 ④일곱 명

42. 바울은 디모데에게 무엇에 경솔하지 말라고 하였나?(5:22)

①**안수** ②방언 ③귀신을 쫓아냄 ④예언

43. 바울이 디모데에게 이제부터는 조금씩 쓰라고 한 것은 무엇인가?(5:23)

①물 ②독주 ③**포도주** ④소금

44. 그리스도의 말씀과 경건의 교훈을 따르지 않는 자는 어떠한자인가?(6:3-4)

①타락한 자 ②불법한 자 ③어리석은 자 ④**교만한 자**

45. 자족하는 마음이 있을 때, 큰 이익이 되는 것은무엇인가?(6:6)

①신령함 ②의로움 ③**경건함** ④능력이 없음

46. 무엇을 사랑함이 일만 악의 뿌리가 된다고 했나요?(6:10)

①**돈** ②명예 ③여자 ④사치

47. 많은 근심에서 자기를 찌르게 하는 것은 무엇인가요?(6:10)

①사치를 즐김 ②명예를 탐냄

③권위를 부러워함 ④**돈을 사랑함**

48. 흠도 없고, 책망 받을 것이 없음을 언제까지 지키야 하나요?(6:14)

①**예수님의 재림** ②무저갱이 열릴 때 ③최후 심판때

49. 어떤 자들에게 마음을 높이지 말라고 하였나요?(6:17)

①**부한 자**　②교만한 자　③정결한 자　④온전한 자

50. 선한 일을 하는 사람은 무엇을 취한다고 약속되었나요?(6:18-19)

①상급　②면류관　③**참 된 생명**　④영생

51. 거짓된 지식을 따르면 어디에서 벗어나게 되나요?(6:20-21)

①은혜　②천국 길　③의의 길　④**믿음**

디모데후서

1. 예수님 안에 있는 생명의 약속대로 사도가 된 사람은 누구인가?(1:1)

①마가 ②디모데 ③**바울** ④실루아노

2. 바울은 자기의 기쁨이 가득하려고 누구를 보려했나요?(1:4)

①야고보 ②**디모데** ③마가 ④아볼로

3. 유니게는 디모데와 어떤 관계에 있는 사람인가요?(1:5)

①외조모 ②아줌마 ③유모 ④**어머니**

4. 능력, 사랑, 절제하는 마음은 누가 우리에게 주시나요?(1:7)

①바울의 기도로 ②**하나님** ③사도들 ④성령

5. 신자가 하나님의 부르심을 받은 조건은 무엇인가요?(1:9)

①**하나님의 은혜** ②성령의 은사

③예수님의 사랑 ④사도의 권위로

6. 바울을 복음을 위해 선포자, 사도, 교사로 세우신 목적은?(1:11)

①교회를 위해 ②**이방인을 위해** ③유대인을 위해

7. 아시아에 있을 때 바울을 버린 사람은 누구인가요?(1:15)

①**허모게네** ②실루아노 ③실라 ④디도

8. 바울이 로마에 있을 때, 찾아와 위로가 되어준 사람은 누구인가?(1:16-17)

①마가 ②실루아노 ③**오네시보로** ④디모데

9. 충성된 사람들에게 부탁해야 하는 것은 무엇인가요?(2:2)

①계명 ②율법 ③**들은 바를 가르침** ④교훈

10. 자기 생활에 얽매이는 않는 사람은 누구인가요?(2:4)

①**병사** ②전도자 ③사도 ④운동선수

11. 수고하는 농부가 곡식을 먼저 받는 것을 어떠하다 했나요?(2:6)

①그럴 수도 있다 ②고마운 일

③**마땅하다** ④주인의 뜻대로

12. 다윗의 씨로 죽은 자 가운데서 다시 살아난 이는 누구인가?(2:8)

①엘리야 ②세례 요한 ③솔로몬 ④**예수 그리스도**

13. 복음으로 매이는 데까지 고난을 받았으나 매이지 않는 것은?(2:9)

①**하나님의 말씀** ②할례 ③율법 ④장로의 유전

14. 우리가 주와 함께 죽었으면 어떻게 된다고 하였나요?(2:11)

①함께 죽음 ②죄가 없어짐 ③**함께 살게 됨** ④영생에 이름

15. 항상 미쁘시며 자기를 부인하실 수 없는 분은 누구신가요?(2:13)

①엘리야 ②세례 요한 ③다윗 ④**그리스도**

16. '부끄러울 것이 없는 일꾼으로 인정된 자로'는 누구에게 한 말인가?(2:15)

①아볼로 ②**디모데** ③디도 ④마가

17. 악성 종양이 퍼져나감과 같은 악한 말을 한 사람은 누구인가요?(2:17)

①빌라도 ②**빌레도** ③데마 ④마가

18. '주의 이름을 부르는 자마다 불의에서 떠날지어다' 인용한 성경은?(2:19)

①신명기 ②민수기 ③**이사야** ④예레미야

19. 그릇이 깨끗하면 어떻게 쓰여 지는 그릇이 되나요?(2:21)

①**귀히 쓰는** ②중요한 ③아름다운 ④소중해서 보관하는

20. 교회 안에서 어리석고 무식한 변론을 하면 어떻게 되나요?(2:23)

①마음이 상함 ②**다툼이 일어남**

③서로 비판함 ④문리가 됨

21. 말세에 일어날 일에 대하여 디모데에게 알려 준 것은 무엇인가?(3:1)

①안일함 ②게으름 ③사람들이 바쁨 ④**고통하는 때가 옴**

22. 쾌락을 사랑하기를 누구를 사랑함보다 더한다고 하였나요?(3:4)

①교회 ②**하나님** ③말씀 ④교훈

23. 경건의 능력을 부인하는 자들에게서 어떻게 하라 하였나요?(3:5)

①주의하라 ②멀리하라 ③**돌아서라** ④경계하라

24. 여러 가지 욕심에 끌리면 항상 배우나 어디에 이를 수 없나?(3:6-7)

①**진리의 지식** ②진리의 끝 ③깨달음 ④세상에 대한 지식

25. 진리를 대적하면 믿음에 관하여 어떻게 되나요?(3:8)

①진리를 모름 ②믿음이 식어짐

③믿음이 사라짐 ④**버림을 받음**

26. 바울이 박해를 받은 지명이 아닌 곳은 어디인가요?(3:11)

①안디옥 ②이고니온 ③루스드라 ④**아덴**

27. "너는 배우고 확신한 일에 거하라"는 누구에게 한 말인가?(3:14)

①바울 ②오네시브로 ③**디모데** ④마가

28. 신자에게 구원에 이르는 지혜가 있게 하는 것은 무엇인가?(3:15)

①사도들의 교훈 ②**성경** ③율법 ④선지자들의 예언

29. 하나님의 사람으로 온전하도록 이끌어주는 것은 무엇인가요?(3:17)

①**성경** ②교회 ③사도들 ④전통

30. 살아 있는 자와 죽은 자를 심판하실 이는 누구라 하였나요?(4:1)

①하나님 ②율법 ③교회의 전통 ④**그리스도 예수**

31. 신자가 때를 얻든지 못 얻든지 항상 힘써야 할 것은 무엇인가?(4:2)

①교회를 세움 ②**말씀의 전파**

③진리의 수호 ④이웃을 사랑함

32. 귀를 진리에서 돌이켜 어떤 이야기를 따른다고 했나요?(4:4)

①재미있는 ②유익하지 않은 ③**허탄한** ④말을 즐기는

33. 신자는 세상에서 무엇을 하며, 어떤 직무를 다하라 했나요?(4:5)

①복음전함 ②말씀 선포 ③사랑함 ④**전도자의 일**

34. 바울은 자신이, "나의 달려갈 길을 마치고" 끝까지 지킨 것은?(4:7)

①**믿음** ②소망 ③사랑 ④직무

35. 세상을 사랑하여 데살로니가로 간 사람은 누구였나요?(4:10)

①디도 ②**데마** ③누가 ④마가

36. 바울에게 해를 끼쳐, 디모데에게 누구를 주의하라고 했나요?(4:14)

①마가 ②그레스게 ③**알렉산더** ④가보

37. 누가 병들어서 밀레도에 두었다 하였나요?(4:20)

①에라스도 ②부데 ③**드로비모** ④리노

디도서

1. 거짓이 없으신 하나님이 영원 전부터 약속한 것은 무엇인가요?(1:2)

①전도 ②복음 ③**영생** ④진리

2. 바울이 자신과 똑 같은 믿음을 갖은 아들이라 여긴 사람은?(1:4)

①바나바 ②아볼로 ③마가 ④**디도**

3. 방탕하거나 순종하지 않는다는 비난을 받지 말아야 될 사람은?(1:6)

①집사 ②감독 ③**장로** ④전도자

4. 하나님의 청지기로서 책망할 것이 없어야 될 사람은 누구인가요?(1:7)

①집사 ②**감독** ③목사 ④전도자

5. 불순종하고 헛된 말을 하며 속이는 자들이 많은 당은 어디인가요?(1:10)

①**할례파** ②무할례파 ③열심당 ④바리새인

6. 거짓말쟁이, 악한 짐승, 배만위하는 게으름뱅이라 칭함받은 자들은?(1:12)

①사데 사람들 ②아덴 사람들

③**그레데 사람들** ④에베소 사람들

7. 바울은 누구에게 그레데 사람들을 꾸짖으라 했나요?(1:13)

①**디도** ②아볼로 ③마가 ④바나바

8. 바른 교훈에 합당한 것을 말해야 될 사람은 누구인가요?(2:1)

①디모데 ②야고보 ③실루아노 ④**디도**

9. 절제하고, 거룩하며, 경건해야 하는 사람은 누구인가요?(2:2)

①**늙은 남자** ②젊은 여자 ③늙은 여자 ④젊은 남자

10. 남편과 자녀를 사랑, 순전해야 하는 사람은 누구인가요?(2:4-5)

①늙은 남자 ②늙은 여자 ③**젊은 여자** ④젊은 남자

11. 자신이 선한 일의 본을 보여야 하는 사람은 누구인가요?(2:6-7)

①**젊은 남자** ②젊은 여자 ③늙은 여자 ④늙은 남자

12. 참된 신실성을 보여주어야 하는 사람은 누구인가요?(2:9-10)

①**종** ②상전 ③늙은 남자 ④젊은 남자

13. 하나님의 은혜는 모든 사람에게 무엇을 주시기 위한 것인가요?(2:11)

①**구원** ②복음

③은사 ④성령충만

14. 경건하지 않음과 세상의 정욕을 버려야 될 사람은 누구인가요?(2:12)

①유대인 ②이방인 ③**신자** ④율법주의자

15. 예수님께서 우리를 대신하여 자신을 주신 이유는 무엇인가요?(2:14)

①율법 때문에 ②예수님이 원함

③**불법에서의 구속** ④계명에 따름

16. 신자는 모든 정사와 권세를 잡은 자들에게 어떻게 해야 하나요?(3:1)

①협력함 ②존경함 ③대항함 ④**복종함**

17. 어리석은 자, 종노릇한 자, 가증스러운 자는 어느 상태를 말하나요?(3:3)

①**과거의 우리** ②지금의 우리 ③불신자 ④마귀의 하수인

18. 중생의 씻음과 성령의 새롭게 하심으로 이루어진 것은 무엇인가요?(3:5)

①**우리의 구원** ② 하나님의 나라 ③교회 ④하나님의 뜻

19. 예수님으로 말미암아 우리에게 풍성히 부어진 것은 무엇인가요?(3:6)

①사랑 ②믿음 ③은사 ④**성령**

20. 죄인을 의롭다 하심은 누구의 은혜를 힘입음인가요?(3:7)

①천사 ②선지자들 ③**예수님** ④사도들

21. 어리석은 변론이나 족보 이야기는 무익하며 또 어떠하다 했나요?(3:9)

①**헛되다** ②소망이 있다 ③필요하다 ④유익하다

22. 한두 번 훈계하고 멀리해야 하는 사람은 어디에 속했나요?(3:10)

①마귀 ②세상 ③**이단** ④거짓교리

23. 스스로 정죄한 자가 되어 죄를 짓는 사람은 누구인가요?(3:10-11)

①**이단에 속한 자** ②우상숭배자

③바리새인 ④유대인

빌레몬서

1. 빌레몬서는 바울이 어느 장소에서 기록한 책인가요?(1:1)

①안디옥 ②고린도 **③로마 감옥** ④가이샤라 감옥

2. 바울은 아킵보가 자기와 함께 어떻게 되었다고 하였나요?(1:2)

①친구 ②위로자 **③병사** ④동역자

3. 성도에 대한 사랑과 믿음이 있음을 듣고 바울이 기도해 준 사람은?(1:4-5)

①빌레몬 ②에바브로디도 ③압비아 ④디모데

4. 바울이 빌레몬의 사랑으로 얻었다고 한 것은 무엇인가요?(1:7)

①기쁨, 위로 ②은혜, 소망

③기쁨, 영광 ④위로, 격려

5. 바울이 갇힌 중에 낳은 아들이라고 소개한 사람은 누구인가요?(1:10)

①빌레몬 **②오네시모** ③니고데모 ④디모데

6. 빌레몬에게 억지 같이 되지 않고, 자의로 하게 한 일은 무엇 인가요?(1:14)

①주의 일 ②거절해도 될 일 **③선한 일** ④유익한 일

7. 종과 같이 하지 않고, 사랑 받는 형제로 여긴 사람은 누구인가요?(1:10,16)

①빌레몬 ②**오네시모** ③니고데모 ④디모데

8. 바울은 빌레몬으로부터 무엇을 얻기 원하였나요?(1:20)

①사랑 ②감사 ③**기쁨** ④신뢰

9. 옥중에 있는 바울을 문안한 사람이 아닌 사람은 누구인가요?(1:23-24)

①아리스다고 ②마가 ③데마 ④**글로에** ⑤누가

히브리서

1. 하나님은 마지막에 누구를 통해서 말씀을 하시나요?(1:2)

①사도 ②교회 ③**하나님의 아들** ④선지자

2. 하나님은 누구를 만유의 상속자로 세우시나요?(1:2)

①천사 ②**하나님의 아들** ③목회자 ④24장로

3. 하나님 아들의 능력으로 붙드시는 것은 무엇인가요?(1:3)

①**만물** ②믿는 자들 ③이 세상 ④하나님의 나라

4. 그의 천사들을 바람과 그의 사역자들을 불꽃으로 삼는 이는?(1:7)

①사도 ②교회 ③**하나님의 아들** ④선지자

5. 주께서 땅의 기초를 두셨을 때는 언제였나요?(1:10)

①**태초에** ②아주 먼 옛날에

③처음의 때 ④만물의 시작

6. 주는 여전하여 끝이 없게 되는 것은 무엇인가요?(1:12)

①흐름 ②시간 ③**연대** ④날짜

7. 구원 받을 상속자들을 위하여 섬기라고 보내진 것은 무엇인가요?(1:14)

①**모든 천사들** ②선지자들 ③사도 ④전도자들

8. "들은 자들이 우리에게 확증한 바니"는 무엇을 말하나요?(2:3)

①**구원** ②영생 ③선물 ④복음

9. 잠시 동안 천사보다 못하게 되셨던 분은 누구신가요?(2:7)

①하나님 ②사도 ③**예수님** ④아브라함

10. 만물을 누구의 발 아래 복종하게 하셨나요?(2:8)

①천사 ②**예수님** ③교회 ④사도

11. 예수님이 모든 사람을 위하여 맛보려 하신 것은 무엇인가요?(2:9)

①하나님께 버려지심 ②**죽음**

③심판 ④고난을 당하심

12. 거룩하게 하시는 자와 거룩함을 입은 자들은 어떤 관계인가요?(2:11)

①**형제** ②친구 ③하나 ④이웃

13. 자녀들은 어디에 속하였다고 했나요?(2:14)

①한 몸 ②**혈과 육** ③자손 ④가족

14. 하나님의 일에 자비하고 신실한 대제사장이 된 사람은 누구인가요?(2:17)

①바울 ②베드로 ③**예수님** ④구약의 선지자들

15. 예수님이 시험을 받아 고난을 당하셨은 즉 누구를 도우실 수 있나?(2:18)

①어려운 자 ②**시험 받는 자** ③불신자 ④슬퍼하는 자

16. 우리에게 믿는 도리의 사도이시며, 대제사장은 누구인가요?(3:1)

①**예수님** ②천사 ③멜기세덱 ④엘리야

17. 집마다 지은 이가 있는데, 하나님께서는 무얼 지으셨나요?(3:4)

①에덴동산 ②이 세상 ③**만물** ④사람

18. 하나님의 온 집에서 종으로서 신실했던 사람은 누구인가요?(3:5)

①바울 ②예수님 ③엘리야 ④**모세**

19. 소망의 확신과 자랑을 끝까지 잡고 있으면 무엇이 되나요?(3:6)

①하나님의 나라 ②하나님의 일꾼 ③**하나님의 집** ④교회

20. 이스라엘의 열조가 하나님을 시험해 40년 동안 본 것은 무엇인가요?(3:9)

①**하나님의 행사** ②신비한 일

③광야 ④마음의 완악함

21. 사람을 완고하게 만드는 것은 무엇으로 부터 오나요?(3:13)

①**죄의 유혹** ②교만함 ③율법에서 떠남 ④불순종

22. 하나님께서 40년 동안 노하셨던 자들의 결말은 어떻게 되었나요?(3:17)

①**광야에서 죽음** ②병에 걸림 ③사라짐 ④벌을 받음

23. 하나님의 안식에 들어오지 못하는 자들의 행동은 어떠한가요?(3:18)

①율법을 거절 ②**불순종** ③자기 유익을 구함 ④건방짐

24. 복음을 듣지만 자기에게 유익하지 못한 까닭은 무엇 때문인가요?(4:2)

①**믿지 않아서** ②들음에서 끝나

③관심이 없어서 ④듣기를 거절

25. 하나님께서 그의 모든 일을 쉬신 날은 언제인가요?(4:4)

①제일일 ②**제칠일** ③제칠십년 ④제사십년

26. 복음을 미리 받았지만 순종하지 않은 자들은 어떻게 되었나요?(4:6)

①보류됨 ②들어감 ③**안식에 못 들어감** ④용서를 받아야

27. 하나님의 백성에게 아직 무엇이 남아있다고 하였나요?(4:9)

①구원 받을 때 ②**안식할 때** ③회개 할 때 ④기뻐 할 때

28. 살아 있고, 활력이 있어 어떤 검보다도 예리한 것은 무엇인가요?(4:12)

①**하나님의 말씀** ②성령 ③교회 ④예언의 권세

29. 결산을 받으실 이의 눈앞에 만물이 어떻게 드러나나요?(4:13)

①확실히 ②**벌거벗은 것처럼**

③숨기지 못하고 ④뚜렷하게

30. 신자들에게 큰 대제사장이시며 승천하신 이는 누구인가요?(4:14)

①아브라함 ②바울 ③**예수님** ④천사

31. 때를 따라 돕는 은혜를 얻기 위하여 담대히 나아갈 곳은?(4:16)

①**은혜의 보좌** ②성전 ③예수님의 이름 ④기도의 자리

32. 사람을 위하여 예물과 속죄하는 제사를 드리는 사람은 누구인가요?(5:1)

①선지자 ②아브라함의 후손 ③**대제사장** ④제사장

33. 예수님도 사람이시라 연약한 자를 어떻게 하시나요?(5:2)

①책망함 ②**용납함** ③기도해주심 ④마귀를 대적하심

34. 자신이 스스로 취하지 못하고, 하나님께 선택되어야 하는 직무는?(5:4)

①**대제사장** ②아브라함의 후손 ③회당장 ④아론의 후손

35. 영원히 멜기세덱의 반차를 좇는 제사장은 누구신가요?(5:6)

①**예수님** ②다윗의 후손

③성소의 책임자 ④아론의 후손

36. 그가 아들이시면서도 받으신 고난으로 무엇을 배웠나요?(5:8)

①인내 ②온유 ③**순종함** ④사랑

37. 자기를 순종하는 모든 자에게 구원의 근거가되신 이는 누구신가요?(5:9)

①여호수아 ②다윗의 후손 ③성소의 책임자 ④**예수님**

38. 젖을 먹는 자마다 어린 아이니 아직 무엇을 경험하지 못했나요?(5:13)

①생명의 법 ②**의의 말씀** ③영생의 진리 ④죄 사함의 복음

39. 장성한 자들이 지각을 사용, 연단을 받아 분별하는 것은 무엇인가요?(5:14)

①은사 ②**선악** ③은혜 ④진리

40. 다시 기초를 닦지 말아야 할 것이 아닌 것은 무엇인가요?(6:2)

①세례들 ②안수 ③부활 ④**은사**

41. 어떤 자들이 다시 새롭게 하여 회개하게 할 수 없나요?(6:6)

①**타락한 자** ②불법자 ③불의한 자 ④불순종 한 자

42. 가시와 엉겅퀴를 내면 버림을 당해 그 마지막은 어떻게 되나요?(6:8)

①심판 ②죽음 ③**불사름** ④멸망

43. 끝까지 소망의 풍성함에 이르기 위해 필요한 것은 무엇인가요?(6:11)

①**부지런함** ②게으름 ③인내함 ④약속을 믿음

44. 믿음과 인내로 약속들을 기업으로 받는 자들을 어떻게 해야하나요?(6:12)

①보증으로 삼음 ②증거로 삼음 ③**본받음** ④약속을 믿음

45. 하나님은 자기보다 크신 이가 없어 맹세를 누구에게 하시나요?(6:13)

①모세 ②아브라함 ③엘리야 ④**하나님**

46. 사람들이 다투다가 마지막에 확정으로 하는 것은 무엇인가요?(6:16)

①**맹세** ②손가락을 자름 ③혈서를 씀 ④약속

47. 하나님은 무엇을 하실 수 없으시다 하셨나요?(6:18)

①약속 ②**거짓말** ③마귀를 물리침 ④사람의 일

48. 예수님이 영원히 대제사장이 되셔야 했던 이유는 무엇인가요?(6:20)

①**신자를 위함** ②세상을 위함

③유대인을 위함 ④심판을 준비하심

49. 하나님의 제사장인 멜기세덱을 어디의 왕이라고 하였나요?(7:1)

①이스라엘 ②**살렘** ③유다 ④이스라엘

50. 아브라함은 모든 것의 얼마를 멜기세덱에게 주었나요?(7:2)

①**십분의 일** ②칠분의 일 ③구분의 일 ④삼십분의 일

51. 아버지도, 어머니도, 족보도, 시작한 날도, 생명의 끝도 없는 분은?(7:3)

①**하나님의 아들** ②아론 ③모세 ④하나님의 자녀

52. 레위 족보에 들지 아니하며 아브라함에게 복을 빌어준 사람은?(7:6)

①아론 ②**멜기세덱** ③엘리멜렉 ④아비멜렉

53. 우리 주께서는 누구로부터 나신 것이 분명하다고 했나요?(7:14)

①아론 ②레위 ③**유다** ④요셉

54. 육신에 속한 계명의 법이 아닌 불멸의 생명의 능력을 따라 된 사람은?(7:16)

①모세 ②엘리야 ③아론 ④**예수님**

55. 신자들에게 더 좋은 언약의 보증은 누구를 가리키나요?(7:22)

①아브라함의 후손 ②대제사장

③**예수님** ④멜기세덱

56. 예수님은 지금 하늘에서 누구를 위하여 기도하시나요?(7:25)

①**신자들** ②교회에 모인 사람들

③유대인 ④무덤에 있는 신자들

57. 예수님이 단 번에 자기를 드려 이루신 것은 무엇인가요?(7:27)

①용서 ②**제사** ③죽으심 ④십자가

58. 영원히 온전하게 되신 아들을 세우신 것은 무엇인가요?(7:28)

①**맹세의 말씀** ②하늘에서 들린 음성 ③율법 ④생명의 언약

59. 우리의 대장이신 예수님은 지금, 하늘 어디에 계시나요?(8:1)

①천사들과 함께 ②**보좌의 우편** ③하나님과 함께 ④이 땅에

60. 장막은 사람이 세운 것이 아니라 누가 세웠다고 했나요?(8:2)

①**주** ②24장로 ③천사 ④미리 죽은 자들

61. 예수님이 땅에 계셨다면 무엇이 되지 않으셨을 건가요?(8:4)

①하나님의 아들 ②권세자 ③**제사장** ④임금

62. 더 좋은 약속으로 세우신 더 좋은 언약의 중보자는 누구인가요?(8:6)

①성령 ②24장로 ③천사 ④**예수님**

63. 첫 언약이 어떠했기에 둘째 것을 요구하셨을까요?(8:7)

①온전하지 않음 ②부족함 ③**무흠하지 않음** ④거룩하지 않음

64. 이스라엘 집과 유다 집과 더불어 새 언약을 맺으신 분은 누구신가요?(8:8)

①**예수님** ②24장로 ③천사 ④미리 죽은 자들

65. "그들은 내게 백성이 되리라"는 말씀은 무슨 뜻 인가요?(8:10)

①24장로의 언약 ②유대인의 특권

③장차 될 일 ④**하나님의 언약**

66. 우리를 불쌍히 여기시고, 다시 기억하지 않으시겠다고 한 것은?(8:12)

①교만 ②예수님을 죽인 것 ③**죄** ④불순종

67. 모세에 의해서 지어진 성막을 어떤 장막이라 하였나요?(9:2)

①땅의 성소 ②**첫 장막** ③하늘의 성소 ④예비 된 장막

68. 등잔대, 상, 진설병을 둔 곳을 무어라 불렀나요?(9:2)

①**성소** ②회막 ③지성소 ④성전 뜰

69. 만나를 담은 금항아리는 어디에 두었나요?(9:3-4)

①성소 ②언약궤 ③**지성소** ④휘장 안

70. 그리스도께서 장래 좋은 일의 무엇으로 오셨다고 했나요?(9:11)

①제사장 ②**대제사장** ③희생제물 ④약속

71. 예수님이 흠 없이 자기를 하나님께 드릴 때 누구를 힘입었나요?(9:14)

①하나님 ②**성령님** ③자기자신 ④미가엘

72. 율법에 따르면 피 흘림이 없으면 어떻게 된다고 하였나요?(9:22)

①죄와 상관이 없음 ②**죄 사함이 없음**

③용서를 받음 ④깨끗해짐

73. 예수님은 성소에 들어가지 않고 바로 어디로 가셨나요?(9:24)

①낙원 ②**하늘** ③골고다 ④지성소

74. 자기를 단번에 제물로 드려 죄를 없애려고 언제 오시나요?(9:26)

①정한 때에 ②세상 처음에 ③**세상 끝에** ④언제든지

75. 한 번 죽은 후에는 사람에게 무엇이 있다고 했나요?(9:27)

①**심판** ②영벌 ③완전멸망 ④불사름

76. 율법은 참 형상은 아니고, 장차 올 좋은 일의 무엇인가요?(10:1)

①실제 ②모형 ③예언 ④**그림자**

77. 예수님이 몸을 단번에 드리셔서 우리는 무엇을 얻었나요?(10:10)

①죄 사함　②천국　③**거룩함**　④상속

78. 우리가 성소에 들어갈 담력을 얻은 것은 무엇을 힘입음인가요?(10:19)

①하나님의 계획　②**예수님의 피**　③성경을 믿음　④짐승의 피

79. 휘장 가운데로 길이 열려졌는데, 휘장은 무엇을 말하나요?(10:20)

①하늘나라　②사람의 몸　③**예수님의 몸**　④율법

80. 신자는 서로 돌아보아 사랑과 선행을 서로 어떻게 해야하나요?(10:24)

①준행함　②먼저 실천함　③조심함　④**격려함**

81. 큰 상을 얻게 해주기 때문에 버리지 말라고 하신 것은 무엇인가요?(10:35)

①믿음　②**담대함**　③착한 일　④남을 대접하는 것

82. 당연히 받을 형벌에 해당되지 않는 것은 무엇인가요?(10:29)

①하나님의 아들을 짓밟음　②언약의 피를 부정함

③은혜의 성령을 욕되게 함　④**우상에게 받쳐진 음식을 먹음**

83. 주님의 오심을 기다리는 우리에게 꼭 필요한 것은 무엇인가?(10:36)

①**인내**　②자비　③온유　④양선

84. 오직 영혼을 구원함에 이르기 위해 가져야 할 것은 무엇인가요?(10:39)

①사랑 ②**믿음** ③소망 ④감사

85. 바라는 것들의 실상이요 보이지 않는 것들의 증거는 무엇인가?(11:1)

①하나님 ②소원 ③사랑 ④**믿음**

86. 믿음으로 죽음을 보지 않고 옮겨진 사람은 누구인가요?(11:5)

①모세 ②노아 ③**에녹** ④아론

87. 하나님을 기쁘시게 해드리려면 꼭 있어야 하는 것은 무엇인가?(11:6)

①**믿음** ②감사

③회개 ④죄 사함

88. 나이 늙어 단산하였으나 잉태할 수 있는 힘을 얻은 여인은?(11:11)

①하갈 ②**사라** ③한나 ④엘리사벳

89. 장차 있을 일에 대하여 아들들에게 축복을 한 사람은 누구인가요?(11:20)

①**이삭** ②야곱 ③아브라함 ④요셉

90. 장성한 후에 바로의 공주의 아들을 거절한 사람은 누구인가요?(11:24)

①요셉 ②아론 ③**모세** ④이삭

91. 이스라엘 백성들이 홍해를 육지같이 건널 수 있었던 비결은?(11:29)

①부르짖음으로 ②**믿음으로** ③회개함으로 ④제사로

92. 기생의 신분으로 정탐꾼을 평안히 영접했던 여자는 누구인가요?(11:31)

①룻 ②**라합** ③들리라 ④다말

93. 궁핍, 환난, 학대를 받는 이유는 무엇인가요?(11:33,37)

①핍박을 받아서 ②교회에 다녀서 ③**믿음 때문에** ④죄

94. 신자에게 믿음의 주요, 온전하게 하시는 이는 누구인가요?(12:2)

①바울 ②**예수님** ③성령 ④모세

95. 주께서 그가 받아 들이는 아들마다 무엇을 행하시나요?(12:6)

①징계하심 ②꾸짖으심 ③**채찍질하심** ④훈계하심

96. 하나님께서 신자에게 징계를 내리시는 이유는 무엇인가요?(12:8)

①**자녀라서** ②하나님의 진노 ③율법 때문에 ④불순종해서

97. 사람들과 더불어 화평함과 거룩함을 따라야 하는 이유는?(12:14)

①믿음을 지킴 ②**주를 보기 위함**

③칭찬을 받음 ④주와 함께 있음

98. 에서는 축복을 구하였지만 무슨 기회를 얻지 못하였나요?(12:17)

①하나님을 바라는 **②회개할** ③기도할 ④사정을 아뢸

99. 우리는 삼가 말씀하신 이에 대하여 어떻게 해야 하나요?(12:25)

①경외함 **②거역하지 않음**

③주의하여 들음 ④말씀을 간직함

100. 하늘로부터 경고하신 이를 어떻게 하지 않아야 하나요?(12:25)

①배반하지 않음 ②순종함 ③겸손히 행함 ④상관이 없음

101. 우리가 받은 나라의 모습은 어떠한가요?(12:28)

①썩게 됨 **②흔들리지 않음** ③불에 탐 ④잠시 후에 사라짐

102. 우리 하나님은 소멸하는 무엇이라 했나요?(12:29)

①기름 ②횃불 **③불** ④능력

103. 형제 사랑하기를 계속해야 하는 사람은 누구인가요?(13:1)

①신자 ②사람들 ③친구 ④이웃

104. 음행하거나 간음하는 자들에게 하나님은 어떻게 하시나요?(13:4)

①책망하심 ②벌을 내리심 **③심판하심** ④병들게 하심

105. 예수님은 어제나 오늘이나 영원토록 어떠하다고 하였나요?(13:8)

①**동일** ②성실 ③온유 ④사랑

106. 짐승의 육체는 어디 밖에서 불사르나요?(13:11)

①성전 ②번제단 ③**영문** ④지성소

107. 예수님도 성문 밖에서 고난을 받으셨는데 그 이유는 무엇인가?(13:12)

①은혜를 주시려고 ②**거룩하게 하려고**

③믿게 하시려고 ④성경을 이루려고

108. 예수로 말미암아 어떤 제사를 하나님께 드려야 하나요?(13:15)

①경배의 ②감사의 ③**찬송의** ④영광의

109. 오직 선을 행함과 서로 나누어 주면 누가 기뻐하나요?(13:16)

①예수님 ②**하나님** ③성도 ④도움을 받는 자

110. 하나님은 우리에게 선한 일을 통하여 어떻게 해주시나요?(13:21)

①하늘에 소망을 둠 ②착하게 하심

③**온전하게 하심** ④성령 충만

야고보서

1. 여러 가지 시험을 당했을 때, 신자의 온전한 태도는 무엇인가?(1:2)

①하나님을 구함 ②두려워함 ③**기쁘게 여김** ④근심함

2. 신자가 살아가면서 지혜가 부족할 때는 어떻게 해야 하나요?(1:5)

①포기함 ②**하나님께 구함**

③사람에게 요청 ④이것저것 찾아 봄

3. 마치 바람에 밀려 요동하는 바다 물결 같은 사람은 누구인가요?(1:6)

①**의심하는 자** ②따져보는 자 ③염려하는 자 ④포기하는 자

4. 복이 있는 자가 되려면 무엇을 참아야 하나요?(1:12)

①시비 ②시기 ③시샘 ④**시험**

5. 사람이 시험을 받는 것은 무엇에 끌려 미혹되어서 인가요?(1:14)

①**자기 욕심** ②교만 ③헛된 꿈 ④탐심

6. 좋은 은사와 함께 빛들의 아버지께로부터 내려오는 것은 무엇인가?(1:17)

①하나님의 약속 ②**온전한 선물** ③사랑 ④나에게 필요한 것

7. 하나님 아버지 앞에서 정결하고 더러움이 없는 것은 무엇인가요?(1:27)

①**경건** ②은사 ③신령함 ④은총

8. 하나님이 믿음에 부요하게 하시려고 선택하신 사람은 누구인가요?(2:5)

①**가난한 자** ②부자 ③권세 잡은 자 ④교회의 일꾼

9. 사람을 차별하여 대하면 무엇을 하는 거라 했나요?(2:9)

①불의한 일 ②**죄를 지음**

③율법을 거스름 ④하나님이 싫어하심

10. 우리가 이웃에게 긍휼을 행함으로써 얻게 되는 것은 무엇인가요?(2:13)

①죄사함 ②축복받음 ③진노를 벗어남 ④**심판을 이김**

11. 우리가 죽은 자가 되지 않기 위해서 해야 될 것은 무엇인가요?(2:17)

①사랑 ②언약 ③**행함** ④자비

12. 하나님은 한 분이신 줄은 누구도 안다고 하였나요?(2:19)

①사탄 ②**귀신** ③사람 ④이방인

13. 믿음이 온전하게 되려면 어떻게 해야 하나요?(2:22)

①**행함** ②찬송 ③지혜 ④기도

14. 하나님께서 이 사람을 가리켜 벗이라 하셨는데 누구를 말하나요?(2:23)

①이삭 ②다윗 ③**아브라함** ④노아

15. 영혼이 없는 몸을, 무엇이 없는 믿음으로 비유했나요?(2:26)

①기도 ②찬송 ③믿음 ④**행함**

16. 만일 말에 실수가 없는 자라면 어떠하다 하였나요?(3:2)

①**온전한 자** ②완벽한 자 ③성령 충만한 자 ④복된 자

17. 혀가 몸에서 작은 지체로되 무엇을 할 수 있다고 자랑하나요?(3:5)

①중요한 일 ②선한 일 ③**큰 일** ④작은 일

18. 쉬지 아니하는 악이요 죽이는 독이 가득한 것은 무엇인가요?(3:8)

①**혀** ②입 ③손 ④발

19. 한 입에서 찬송과 저주가 나오는 것을 어떠하다 하였나요?(3:10)

①심판의 대상 ②간사함

③**마땅하지 않음** ④불의함

20. 단 물과 쓴 물을 낼 수 없는 것은 무엇인가요?(3:11)

①**샘** ②강 ③우물 ④집

21. 선행으로 말미암아 지혜의 온유함으로 보여야 할 것은 무엇인가?(3:13)

①말씀 ②**행함** ③믿음 ④말

22. 위로부터 내려온 지혜가 아닌 것은 무엇인가요?(3:14-17)

①정욕 ②**관용** ③시기와 다툼 ④혼란

23. 화평하게 하는 자들이 화평으로 심어 거두는 것은 무엇인가요?(3:18)

①**의의 열매** ②자비 ③화목 ④사랑

24. 우리에게서 싸움이나 다툼이 나오는 곳은 어디인가요?(4:1)

①**정욕** ②미움 ③갈등 ④시기

25. 정욕으로 쓰려고 잘못 구한 것은 어떻게 되나요?(4:3)

①미혹에 넘어감 ②기도가 안 됨

③**받지 못함** ④고통을 받음

26. 하나님이 우리 속에 거하게 하신 것은 무엇인가요?(4:5)

①**성령** ②신령함 ③불의한 영 ④착한 영

27. 먼저 하나님께 복종하고, 그 후에 대적해야 하는 것은 무엇인가요?(4:7)

①원수 ②귀신 ③사탄 ④**마귀**

28. 하나님을 가까이하면 하나님께서 어떻게 해주시나요?(4:8)

①은혜를 주심 ②기도하게 하심

③성령을 영접함 **④가까이해주심**

29. 신자가 하나님 앞에서 높임을 받으려면 어떻게 해야 하나요?(4:10)

①주님께 낮춤 ②착한 일을 함 ③기도를 함 ④사람에게 낮춤

30. 형제를 비방, 판단하는 것은 무엇을 비방하고 판단하는 것인가요?(4:11)

①성령 **②율법** ③성경 ④선지자

31. 잠깐 보이다가 없어지는 안개는 무얼 두고 한 말인가요?(4:14)

①꽃 ②이슬 **③사람의 생명** ④세상의 권세

32. "임할 고생으로 울고 통곡하라"는 누구을 두고 한 말인가요?(5:1)

①가난한 자들 ②낮은 자들 **③부한 자들** ④높은 자들

33. 땅에서 사치하고 방종하여 마음을 어떻게 하였다고 했나요?(5:5)

①죄가 들어오게 **②살찌게** ③부패하게 ④탐욕스럽게

34. 주께서 강림하시기까지 어떻게 해야 하나요?(5:7)

①피하라 ②기도하라 ③서로 사랑하라 **④길이 참으라**

35. 우리가 심판을 면하기 위하여 서로 해야 할 것은 무엇인가요?(5:9)

①잘못을 지적함 ②**원망하지 않음** ③비교함 ④남을 비난함

36. 고난 당할 때 기도하고 즐거워하는 자가 해야 하는 일은?(5:13)

①기뻐하라 ②기도하라 ③즐거워하라 ④**찬송하라**

37. 병든 자를 주께서 일으켜 주시려면 무얼 해야 하나요?(5:15)

①눈물로 간구 ②**믿음의 기도**

③십자가를 바라봄 ④소망의 확신

38. 비가 오지 않기를 기도했더니 그대로 된 사람은 누구인가요?(5:17)

①**엘리야** ②요셉 ③모세 ④엘리사

39. 신자는 죄인을 어디로부터 돌아서게 해야 하나요?(5:20)

①죄의 길 ②불법의 길 ③**미혹된 길** ④모르는 길

베드로전서

1. 예수님의 부활은 우리에게 무엇이 있도록 해주셨나요?(1:3)

①부활 ②**산 소망** ③생명 ④영원함

2. 하나님의 능력으로 보호하심을 받게 해주는 것은 무엇인가요?(1:5)

①예수님 ②소망 ③십자가 공로 ④**믿음**

3. "보지 못하였으나 사랑하는도다"는 누구에 대한 말인가요?(1:8)

①노아 ②**예수님** ③천사 ④성령

4. 믿음이 결국은 우리에게 무엇을 주나요?(1:9)

①**영혼의 구원** ②영생 ③천국으로 올려 짐 ④육체의 구원

5. 마음의 허리를 동이는 것은 무엇을 위한 자세인가요?(1:13)

①각오를 다짐 ②**근신** ③회개 ④기다림

6. 심판하시는 하나님 앞에서 나그네로 있을때 어떤 자세로 있어야하나?(1:17)

①**두려움으로** ②할 수 있다는 자세로

③당당하게 ④자신 만만하게

7. 우리의 거듭남은 무엇으로 말미암은 건가요?(1:23)

①예수님의 선포 ②성령 ③**하나님의 말씀** ④영생의 약속

8. 구원에 이르도록 자라려면 무엇을 사모해야 하나요?(2:2)

①성령 충만 ②은사 ③**신령한 젖** ④신적 능력

9. "사람에게는 버린 바가 되었으나"는 누구에 대한 건가요?(2:4)

①바울 ②**예수님** ③유대인 ④전도자들

10. 영혼을 거슬러 싸우는 육체의 무엇을 제어하라 했나요?(2:11)

①**정욕** ②감정 ③화 ④의욕

11. 자유로 악을 가리는 데 쓰지 말고, 누구처럼 해야 하나요?(2:16)

①선한 일꾼 ②상전

③**하나님의 종** ④천국의 일꾼

12. 부당하게 고난을 받을 때, 누구를 생각하라고 하였나요?(2:19)

①**하나님** ②예수님 ③성령 ④사도들

13. 선을 행하여 고난을 받고 참으면 누구에게 아름다운가요?(2:20)

①제자들 ②성령 ③사도들 ④**하나님**

14. "욕을 당하시되 맞대어 욕하지 아니하시고"는 누구인가요?(2:23)

①바울 ②**예수님** ③유대인 ④전도자들

15. 죄에 대하여 죽고, 무엇에 대하여 살게 하심인가요?(2:24)

①**의** ②예수님 ③선행 ④거룩함

16. 아내의 순종으로 인해 불신자 남편은 어떻게 될 수 있나요?(3:1)

①**구원받음** ②복을 받음 ③교회에 옴 ④예수님께 호의적

17. 아내는 남편에게 순종함으로써 자기를 어떻게 해야 하나요?(3:5)

①남편에게 호감 ②**단장함**

③열매를 맺음 ④남편을 사랑함

18. 사라는 아브라함을 무엇이라 부르며 순종하였나요?(3:6)

①호주 ②어른 ③**주** ④남편

19. 생명을 사랑하고 좋은 날 보기를 원하면 금해야 하는 것은?(3:10)

①손 ②귀 ③발 ④**혀**

20. 하나님의 귀는 누구에게 기울이시나요?(3:12)

①불평하는 소리 ②**의인의 간구** ③찬양 ④전도하는 말

21. 무엇에 관한 이유를 묻는 자에게 대답할 것을 늘 준비하나요?(3:15)

①복에 관한 ②천국에 대하여

③지옥에 대하여 ④**소망에 관한**

22. 악을 행함으로 받는 것은 무엇인가요?(3:17)

①심판 ②형벌 ③**고난** ④고통

23. 예수님께서 부활하심으로 말미암아 구원하는 표는 무엇인가요?(3:21)

①회개 ②불 ③**물(세례)** ④고백

24. 예수님께서 받으신 육체의 고난을 무엇으로 삼아야 하나요?(4:1)

①고난 ②**갑옷** ③무장 ④교훈

2.5 음란, 정욕, 술 취함, 방탕, 향락 등은 누구의 것이었나요?(4:3)

①**이방 사람들** ②마귀 ③유대인 ④우상숭배자들

26. 만물의 마지막이 가까이 왔으니 무엇에 힘을 써야 하나요?(4:7)

①전도 ②**기도** ③염려 ④정신을 차림

27. 뜨겁게 사랑할지니 사랑은 허다한 무엇을 덮나요?(4:8)

①불의 ②악한 생각 ③**죄** ④시기

28. 서로 무엇에 대하여 원망없이 해야 하나요?(4:9)

①도와주기 ②**대접하기** ③용서함 ④베푸는 일

29. 예수님의 무엇에 참여하는 것으로 즐거워해야 하나요?(4:13)

①참음 ②거룩하심 ③영광 ④**고난**

30. 예수님의 이름으로 치욕을 당한 사람에게 오는 것은 무엇인가요?(4:14)

①은혜 ②**복** ③영화 ④감사

31. 고난을 받으면 어떤 마음가짐으로 하나님께 영광을 돌려야 하나요?(4:16)

①기뻐함 ②감사함 ③찬양을 드림 ④**부끄러워하지 않음**

32. 하나님의 양 무리를 치되 억지로 하지 말아야 되는 사람은?(5:1-2)

①감독 ②**장로** ③원로 ④집사

33. 장로는 자원함으로 하며 무엇을 위하여 하지 말아야 하나요?(5:2)

①자기 영광 ②**더러운 이득**

③교만을 채움 ④권세를 누림

34. 젊은이와 장로들은 서로 무엇으로 허리를 동여야 하나요?(5:5)

①온유 ②감사 ③자비 ④**겸손**

35. 하나님께서 우리를 돌보시므로 염려를 어떻게 해야 하나요?(5:7)

①근심하지 않음 ②염려함 ③극복을 해야 함 ④**주께 맡김**

36. 우는 사자같이 두루 다니며 삼킬 자를 찾는 자는 누구인가요?(5:8)

①불의한 자 ②**마귀** ③권세를 가진 자 ④교회를 핍박하는 자

37. 하나님은 우리를 그리스도 안에서 어디로 들어가게 하시나요?(5:10)

①하늘나라 ②성소 ③**영원한 영광** ④높은 자리

38. 베드로가 권하려는 말을 누구에게 간단히 쓰게 하였나요?(5:12)

①**실루아노** ②디모데 ③마가 ④아볼로

39. 베드로는 성도들이 어떻게 서로 문안하기를 원했나요?(5:14)

①말로 격려하여 ②**사랑의 입맞춤**

③사로 위로하며 ④복을 빌면서

베드로후서

1. 이 편지를 받는 사람들은 무엇을 갖었다고 했나요?(1:1)

①천국의 상속자 ②**보배로운 믿음** ③선한 행실 ④구원의 은혜

2. 보배롭고 큰 약속으로 우리는 무엇에 참여하게 되었나요?(1:4)

①정욕에서 떠남 ②하나님이 자녀 ③**신의 성품** ④영생

3. 더욱 힘써 믿음에 덕을, 그리고 덕에 무엇을 더하나요?(1:5)

①**지식** ②인내 ③경건 ④절제

4. 형제 우애에 더해야 할 것은 무엇인가요?(1:7)

①경건 ②믿음 ③인내 ④**사랑**

5. 형제들아 더욱 힘써 너희 부르심과 무엇을 굳게 하라 했나요?(1:10)

①**택하심** ②원하심 ③찬송하심 ④사명주심

6. 무엇이 교묘히 만든 이야기를 따르는 것이 아니라고 했나요?(1:16)

①장차 받을 심판 ②**예수님의 강림**

③천국 ④예수님의 탄생

7. 성경의 모든 예언을 어떻게 풀면 안 되나요?(1:20)

①생각에 이끌려 ②유익을 구하여 ③전통을 따라 ④**사사로이**

8. 멸망하게 할 이단을 가만히 끌어들인 자들은 누구인가요?(2:1)

①**거짓 선생들** ②바리새인 ③성도들 ④유대인

9. 하나님께서 용서하시지 않고, 지옥에 던져진 자들은 누구인가요?(2:4)

①탐심에 내어준 자 ②자칭 선지자

③**범죄한 천사** ④미혹하는 자

10. 의를 전파하고 일곱 식구를 보전한 사람은 누구인가요?(2:5)

①**노아** ②호세아 ③아브라함 ④욥

11. 음란한 행실로 말미암아 고통을 당하던 의로운 사람은 누구인가요?(2:7)

①요셉 ②호세아 ③**롯** ④욥

12. 불의한 자를 형벌 아래 두어 언제까지 지키시나요?(2:9)

①은혜의 날 ②아무도 모르는 날 ③하늘이 열릴 때 ④**심판 날**

13. 불의의 삯을 사랑하다가 나귀에게 책망을 받은 사람은 누구인가요?(2:15)

①가룟 유다 ②**발람** ③게하시 ④발락

14. 캄캄한 어둠이 예비 되어 있는 자들은 누구인가요?(2:17)

①**불법의 사람** ②새로 믿은 자 ③흔들리는 자 ④낙심한 자

15. 누구든지 진 자는 누구에게 종이 되나요?(2:19)

①힘이 있는 자 ②세상 ③**이긴 자** ④옛 사람

16. "너희의 진실한 마음을 일깨워 생각나게"는 누가 한 말 인가요?(3:1)

①실루아노 ②**베드로** ③디모데 ④바울

17. 말세에 자기의 정욕을 따라 행하는 자들은 누구인가요?(3:3)

①시기하는 자들 ②사탄의 하수인

③배교자 ④**조롱하는 자들**

18. 주께는 하루가 천 년 같고 천 년이 하루 같으니 이 한가지를?(3:8)

①인내하라 ②**잊지 말라** ③주의하라 ④생각하라

19. 오래 참으사 아무도 멸망하지 않고, 무엇 하기를 원하시나요?(3:9)

①**회개하기를** ②후회하기를 ③용서하기를 ④기도하기를

20. 하나님의날이 임하기를 바라려면 거룩한 행실과 무엇인가요?(3:11)

①사랑 ②믿음 ③**경건** ④기다림

21. 주 앞에서 무엇이 없이 평강 가운데서 나타나기를 힘써야 하나요?(3:14)

①**점, 흠** ②더러움 ③책망 받을 일 ④불의함

22. 누구의 미혹에 이끌려 굳센 데서 떨어질까 삼가라 했나요?(3:17)

①불법의 사람들 ②불의한 자들

③**무법한 자들** ④흔들리는 자들

23. 예수 그리스도의 은혜와 그를 아는 지식에서 어떻게 해야되나요?(3:18)

①**자라가라** ②자기를 지킴 ③인내하라 ④굳게 하라

요한1서

1. 들은 바, 눈으로 본 바, 손으로 만진 바는 무엇인가요?(1:1)

①율법 ②복음 ③**생명의 말씀** ④계명

2. 요한이 편지를 씀은 무엇이 충만하게 하려 함이라 했나요?(1:4)

①사랑 ②은혜 ③**기쁨** ④감사

3. 예수님은 빛이시라 그에게는 조금도 없는 것이 무엇인가요?(1:5)

①**어둠** ②두려움 ③분노 ④슬픔

4. 하나님과 사귐이 있다 하고 어둠에 행하면 무엇을 하는 자인가요?(1:6)

①속이는 ②**거짓말** ③지옥으로 떨어짐 ④위선

5. 예수님의 피는 우리를 모든 죄에서 어떻게 해주나요?(1:7)

①죄를 덮음 ②죄는 있고 용서 받음

③믿음을 갖게 함 ④**깨끗하게**

6. 만일 죄가 없다고 말하면 자기 속에 있지 않게 되는 것은 무엇인가요?(1:8)

①사랑 ②은혜 ③**진리** ④죄

7. 우리를 모든 불의에서 깨끗함을 받게 해주는 방법은 무엇인가요?(1:9)

①**죄의 자백** ②하나님의 사랑 ③착한 일 ④이웃 사랑

8. "아버지 앞에서 우리의 대언자가 있으니"는 누구이신가요?(2:1)

①엘리야 ②성령 ③아론 ④**예수님**

9. 주의 말씀을 지키는 자에게 그 속에서 온전하게 되는 것은 무엇인가요?(2:5)

①구원 ②**하나님의 사랑** ③진리 ④믿음

10. 우리의 죄는 무엇으로 말미암아 사함을 받았다고 했나요?(2:12)

①**예수님의 이름** ②양의 피

③예수님의 말씀 ④제사장의 선언

11. 육신의 정욕, 안목의 정욕, 이생의 자랑은 어디로부터 오는 건가요?(2:16)

①사람의 마음 ②**세상** ③인간의 욕심 ④하늘

12. 신자는 누구에게서 기름 부음을 받고 모든 것을 아나요?(2:20)

①사도 ②성령 ③**거룩하신 자** ④하늘

13. 아들을 부인하는 자에게는 또한 누가 없다고 하였나요?(2:23)

①부모 ②**아버지** ③형제 ④자매

14. 우리에게 약속하신 것은 영원한 무엇이라 했나요?(2:25)

①**생명** ②천국 ③새 하늘과 새 땅 ④말씀

15. 예수님 안에 있으면 주님이 강림하실 때 어떻게 되나요?(2:28)

①죄를 용서 받음 ②의롭다 하심

③칭찬을 받음 ④**부끄럽지 않음**

16. 주를 향하여 소망을 가진 자마다 어떻게 된다고 하였나요?(3:3)

①**깨끗하게** ②소원을 이룸 ③영광스러워짐 ④하나님의 자녀

17. 예수님을 보지도 못하였고, 알지도 못하는 자는 누구인가요?(3:6)

①**죄를 짓는 사람** ②강도 ③미워하는 자 ④성소를 더럽힌 자

18. 하나님의 씨가 자기 속에 있는 사람은 무엇을 할 수 없나요?(3:9)

①믿을수 없음 ②열매를 맺음 ③**죄를 짐** ④회개를 함

19. 가인이 악한 자에 속하여 저지르게 된 죄악은 무엇인가요?(3:12)

①하나님을 떠남 ②**아벨을 죽임** ③성을 건설 ④화를 냄

20. 형제를 미워하는 자마다 어떠한 자라 했나요?(3:15)

①**살인** ②욕 ③불신 ④버리는 자

21. 말과 혀로만 사랑하지 말고, 어떻게 하라 하였나요?(3:18)

①**행함, 진실함** ②사랑, 진실함 ③행함, 용서함 ④마음을 다함

22. 마음이 자기를 책망할 것이 없으면 하나님앞에서 어떠한가요?(3:21)

①칭찬을 기다림 ②**담대함** ③자랑스러움 ④기뻐함

23. 주님께서 우리에게 주신 계명대로 어떻게 해야 하나요?(3:23)

①용서하고 받음 ②계명을 지킴 ③율법을 따름 ④**서로 사랑**

24. 오직 영들이 하나님께 속하였나 어떻게 하라고 했나요?(4:1)

①순종 ②받아들임 ③**분별** ④확인

25. 불신자는 하나님께 속한 자의 말에 어떤 태도를 보이나요?(4:6)

①**듣지 않음** ②거절하고 공격함

③두려워함 ④반신반의

26. 사랑하는 자마다 누구에게서 났나요?(4:7)

①성경-말씀 ②성령 ③전도자 ④**하나님**

27. 하나님의 아들이 세상에 온 것은 누구를 살리려 한 건가요?(4:9)

①**우리들** ②죄인들 ③하나님의 일꾼들 ④교회

28. 만일, 우리가 서로 사랑하면 하나님은 어디에 계시나요?(4:12)

①교회에 ②세상에 ③**우리 안에** ④하늘에

29. 하나님께서 세상의 구주로 보내신 이는 누구이신가요?(4:14)

①전도자 ②베드로 ③**하나님의 아들** ④성령

30. 사랑 안에 없고, 온전한 사랑이 이것을 쫓아내는데 이것은?(4:18)

①죄 ②**두려움** ③심판 ④염려

31. 하나님을 사랑한다 하면서 형제를 미워하면 무엇인가요?(4:20)

①의로움 ②믿음이 행실

③화목하지 않음 ④**거짓말**

32. 예수님을 누구라고 믿는 자를 하나님에게서 났다고 하나요?(5:1)

①**그리스도** ②하나님의 아들 ③구주 ④나의 왕

33. 하나님을 사랑하는 것은 그의 무엇을 지키는 것인가요?(5:3)

①명령 ②**계명들** ③언약의 말씀들 ④약속

34. 예수님이 하나님의 아들이심을 믿으면 누구를 이기나요?(5:5)

①**세상** ②사탄 ③권세자들 ④악

35. 성령과 물과 피가 증언하는 이는 누구신가요?(5:6-8)

①**예수님** ②성령 ③하나님 ④천사

36. 하나님께서 생명이 예수님께 있다는 증거로 우리에게 주신 것은?(5:11)

①**영생** ②성령 ③하나님의 자녀 ④은혜

37. 형제가 사망에 이르지 않는 죄를 지으면 어떻게 해야 하나요?(5:16)

①책망하라 ②변론하라 ③**구하라** ④판결하라

38. 신자는 자신을 지켜 어디에서 멀리해야 하나요?(5:21)

①**우상** ②죄 ③불의 ④세상

요한2서

1. 요한2서를 쓴 요한의 직분은 무엇인가요?(1:1)

①감독 ②**장로** ③집사 ④선지자

2. 우리 안에 거하여 영원히 우리와 함께 할 것은 무엇인가요?(1:2)

①말씀 ②피 ③**진리** ④예수님

3. 은혜와 긍휼과 평강은 누구와 함께 있으리라고 하였나요?(1:3)

①**신자** ②모든 사람 ③교회 ④성경

4. 진리를 행하는 자를 보면서 기뻐한 사람은 누구인가요?(1:4)

①베드로 ②야고보 ③바울 ④**요한**

5. 우리가 그 계명을 따라 행하는 것을 무엇이라고 했나요?(1:6)

①말씀 ②생명 ③진리 ④**사랑**

6. 요한은 어떻게 하는 자가 이 세상에 많이 나왔다고 했나요?(1:7)

①**미혹하는** ②유혹하는

③불법을 행하는 ④유괴하는

7. 예수님께서 육체로 오심을 부인하는 자들은 누구인가요?(1:7)

①사이비　②우상　③**적그리스도**　④이단

8. 우리가 일한 것을 잃지 말고 오직 무엇을 받으라 하였나요?(1:8)

①유익한 은혜　②칭찬

③좋은 열매　④**온전한 상**

9. 요한이 무엇을 충만하게 하려고 대면하기를 원하였나요?(1:12)

①감사　②사랑　③**기쁨**　④평안

요한3서

1. 요한삼서는 요한이 누구에게 보낸 편지였나요?(1:1)

①**가이오** ②데오빌로 ③가이사 ④장로들

2. 범사에 잘되고 강건하려면 무엇이 잘 되야 하나요?(1:2)

①육체 ②**영혼** ③생각 ④행동

3. 어디에서 행한다 함을 듣는 것보다 더 기쁜 일이 없나요?(1:4)

①**진리** ②율법 ③믿음 ④사랑

4. 나그네 된 사람들에게 행하는 것은 어떠하다 했나요?(1:5)

①착한 일 ②사랑의 실천 ③**신실한 일** ④믿음의 증거

5. 주의 이름을 위하여 이방인에게는 어떻게 해야 옳은가요?(1:7)

①**아무것도 받지 않음** ②사례를 받음

③대가를 바람 ④요구하지 않음

6. 교회에서 으뜸 되기를 좋아하던 자는 누구인가요?(1:9)

①디모데 ②**디오드레베** ③데메드리오 ④오네시모

7. 하나님께 속하여 있다는 증거로 무엇을 해야 하나요?(1:11)

①**선한 일** ②우상숭배의 습관

③율법을 지킴 ④악한 일

8. 모든 사람에게 좋은 평을 받고, 진리에게서도 증거를 받은 자는?(1:12)

①디오드레베 ②**데메드리오**

③오네시모 ④디모데

유다서

1. 예수님의 종이며, 야고보의 형제는 누구인가요?(1:1)

①바울 ②**유다** ③시몬 ④안드레

2. 유다가 축복했던 인사말이 아닌 것은 무엇인가요?(1:2)

①긍휼 ②**자비** ③평강 ④사랑

3. 하나님의 은혜를 방탕한 것으로 바꾸고 그리스도를 부인하는 자는?(1:4)

①불신자들 ②**가만히 들어온 자들** ③죄인 ④악한 사람들

4. 영원한 결박으로 흑암에 가두어진 자들은 누구인가요?(1:6)

①배교자들 ②거짓 선지자

③**타락한 천사들** ④죄인들

5. 소돔과 고모라 사람들이 음란의 죄악을 누구를 통해 배웠나요?(1:7)

①**타락한 천사들** ②적그리스도 ③이단 ④스스로

6. 모세의 시체를 두고 마귀와 다투어 변론했던 천사는 누구인가요?(1:9)

①가브리엘 ②루시엘 ③**미가엘** ④라파엘

7. 노아의 홍수 심판을 예언했던 아담의 칠대 손은 누구인가요?(1:14)

①라멕 ②므드셀라 ③에노스 ④**에녹**

8. 뭇 사람을 심판하시되 무엇으로 정죄하신다 했나요?(1:15)

①**완악한 말과 행실** ②행실과 믿음 ③원망과 불만 ④아첨

9. 마지막 때는 경건하지 않은 자들이 어떻게 한다고 했나요?(1:18)

①**정욕을 따름** ②더러운 행실 ③우상숭배 ④악한 행동

10. 거룩한 믿음 위에 자신을 세우며 무엇으로 기도해야 하나요?(1:20)

①정성으로 ②힘을 기울여 ③열심히 ④**성령으로**

11. 신자를 보호하사 무엇이 없게 하신다고 하였나요?(1:24)

①**거침** ②막힘 ③두려움 ④더러움

12. 주 예수 그리스도로 말미암아 나오지 않는 것은 무엇인가요?(1:24)

①영광 ②위엄 ③**보좌** ④권세

요한계시록

1. 반드시 속히 일어날 일들을 받아써서 기록한 책은 무엇인가요?(1:1)

①**요한계시록** ②계시 ③예언서 ④요한의 서신

2. 요한은 어디에 있는 일곱 교회에 편지를 보냈나요?(1:4)

①유럽 ②로마 ③마게도냐 ④**아시아**

3. 아버지 하나님을 위하여 우리를 무엇으로 삼으셨나요?(1:6)

①나라와 권세 ②하나님의 나라

③**나라와 제사장** ④일꾼

4. 누가 자기를 가리켜, "나는 알파와 오메가"라 하였나요?(1:8)

①요한 ②성령 ③천사 ④**하나님**

5. 촛대 사이에 인자 같은 이가 가슴에 띠를 두른 것은 무엇인가요?(1:13)

①**금띠** ②가죽 ③해달의 가죽 ④은띠

6. 그의 입에서 좌우에 어떠한 무엇이 나온다고 하였나요?(1:16)

①**날선 검** ②일곱 촛대 ③빛난 주석 ④풀무

7. 요한이 본 일곱 촛대는 무어라 하였나요?(1:20)

①교회의 권위 **②일곱 교회**

③예수님 ④일곱 비밀

8. 너의 처음 사랑을 버렸느니라는 어느 교회에 하신 말씀 인가요?(2:4)

①에베소 ②버가모 ③두아디라 ④사데

9. 에베소 교회에 주시겠다고 약속하신 것은 무엇인가요?(2:7)

①생수 **②생명나무의 열매** ③만나 ④흰 옷

10. 장차 받을 고난을 두려워말라는 어느 교회에 하신 말씀인가요?(2:10)

①두아디라 ②사데 **③서머나** ④에베소

11. 죽도록 충성하라 그리하면 어떤 관을 주리라고 했나요?(2:10)

①영생의 ②영광의 ③변하지 않는 **④생명의**

12. 버가모 교회에는 어떤 교훈을 지키는 자들이 있었나요?(2:15)

①전통적인 ②유대인 **③니골라 당** ④로마인

13. 감추었던 만나를 받고 흰 돌을 받을 교회는 어디 인가요?(2:17)

①버가모 ②두아디라 ③사데 ④서머나

14. 만국을 다스리는 권세를 주리니는 어느 교회에 하신 말씀인가요?(2:26)

①**두아디라** ②사데 ③서머나 ④에베소

15. 두아디라 교회에 주신다고 약속하신 것은 무엇인가요?(2:28)

①둘째 사망 ②촛대 ③흰 돌 ④**새벽 별**

16. 네가 살았다고 하나 죽은 자로다는 어느 교회에 하신 말씀인가요?(3:1)

①에베소 ②서머나 ③**사데** ④두아디라

17. 사데 교회에 주신다고 약속하신 것은 무엇인가요?(3:5)

①성전의 기둥 ②**이름을 지우지 않음**

③열린 문 ④권세를 줌

18. 네 앞에 열린 문을 두었으되는 어느 교회에 하신 말씀인가요?(3:8)

①**빌라델비아** ②사데 ③서머나 ④라오디게아

19. 예수님의 이름을 배반하지 않았다고 칭찬을 받은 교회는?(3:8)

①에베소 ②서머나 ③**빌라델비아** ④두아디라

20. 인내의 말씀을 지켰은즉 무슨 때를 면하게 해주시나요?(3:10)

①죽음 ②**시험** ③재판 ④멸망

21. 빌라델비아 교회에 주신다고 약속하신 것은 무엇인가요?(3:12)

①철장을 다스림 **②새 예루살렘의 이름을 기록함**

③천사들 앞에서 시인함 ④왕노릇 함

22. 네가 차든지 뜨겁든지 하라는 어느 교회에 하신 말씀인가요?(3:15)

①에베소 **②라오디게아** ③빌라델비아 ④두아디라

23. 나는 부자라 부요하여 부족한 것이 없다고 말한 교회는 어디인가요?(3:17)

①라오디게아 ②빌라델비아 ③서머나 ④버가모

24. 라오디게아 교회에 주신다고 약속하신 것은 무엇인가요?(3:21)

①영광 ②세상을 이김 ③천국에서 주인 **④보좌에 앉음**

25. 내가 곧 성령에 감동되었더니는 누구를 가리키는 건가요?(4:2)

①예수님 **②요한** ③성령 ④천사

26. 보좌 위에 앉으신 이를 두르고 있는 것은 무엇인가요?(4:3)

①무지개 ②구름 ③천사들 ④24장로

27. 또 보좌에 둘려 몇 개의 보좌들이 있는 것을 보았나요?(4:4)

①열두 보좌 ②칠 보좌 ③칠십 보좌 **④이십사 보좌**

28. 수정과 같은 유리 바다가 있는 곳은 어디인가요?(4:6)

①**보좌 앞** ②보좌가 있는 방 ③들 ④성소

29. 보좌 주위에 있는 네 생물이 아닌 것은 무엇인가요?(4:7)

①사람 ②독수리 ③사자 ④**염소**

30. "거룩하다 거룩하다 거룩하다"는 누가 이르는 말인가요?(4:8)

①24장로 ②천사들 ③**네 생물** ④성령

31. 네 생물들이 영광과 존귀와 감사를 돌린 이는 누구인가요?(4:9)

①24장로 ②천사들

③요한 ④**보좌에 앉으신 이**

32. "자기의 관을 보좌 앞에 드리며"는 누구의 행동인가요?(4:10)

①**24장로** ②천사들 ③네 생물 ④성령

33. "안팎으로 썼고 일곱 인으로 봉하였더라"는 무엇인가요?(5:1)

①계시 ②비밀문서 ③**두루마리** ④편지

34. "누가 그 두루마리를 펴며"라고 누가 외쳤나요?(5:2)

①24장로 ②**천사** ③네 생물 ④성령

35. 두루마기를 펴거나 볼 사람이 없어 크게 운 사람은 누구인가요?(5:4)

①성령 ②하나님 ③**요한** ④24장로

36. 다윗은 이스라엘의 어느 지파에 속한 후손이었나요?(5:5)

①시므온 ②**유대** ③베냐민 ④스불론

37. 땅에서 드린 성도의 기도들은 무엇이 되었나요?(5:8)

①**금 대접의 향** ②금 촛대

③일곱 인 ④일곱 별

38. 하나님 앞에서 우리를 나라와 제사장들을 삼으신 분은 누군가요?(5:10)

①요한 ②**예수님** ③성령 ④24장로

39. "보좌와 생물들과 장로들을 둘러 선" 것은 무엇인가요?(5:11)

①24장로 ②**많은 천사** ③네 생물 ④성령

40. 존귀와 영광과 찬송을 받으시기에 합당하신 분은 누구신가요?(5:12)

①**어린양** ②예수님 ③성령 ④24장로

41. 일곱 인 중의 하나인 첫 째인을 떼신 분은 누구인가요?(6:1)

①네 생물 ②24장로 중 하나 ③요한 ④**예수님**

42. 첫째 인을 뗄 때 흰 말을 탄 자는 무엇을 받았나요?(6:2)

①성경 ②저울 ③면류관 ④**활**

43. 둘째 인을 뗄 때 붉은 말을 탄 자는 무엇을 받았나요?(6:4)

①막대기 ②**큰 칼** ③두루마기 ④감람유

44. 셋째 인을 뗄 때 검은 말을 탄 자는 무엇을 가졌나요?(6:5)

①활 ②큰 칼 ③두루마기 ④**저울**

45. 넷째 인을 뗄 때 청황색 말을 탄 자의 이름은 무엇인가?(6:8)

①**사망** ②심판 ③미혹 ④음부

46. 다섯째 인을 뗄 때 제단 아래에 누가 보였나요?(6:9)

①시체 ②**죽임 당한 영혼들** ③무저갱 ④지옥에 간 자들

47. 죽임 당한 영혼들은 무엇을 받았나요?(6:11)

①큰 칼 ②저울 ③**흰 두루마기** ④시계

48. 여섯째 인을 뗄 때 어떤 사건이 일어났나요?(6:12)

①가뭄 ②흑암 ③홍수 ④**큰 지진**

49. 진노의 큰 날이 이른 것은 몇째 인을 뗄 때였나요?(6:12)

①셋째 인 ②다섯째 인 ③**여섯째 인** ④넷째 인

50. 네 천사가 네 모퉁이에서 사방의 바람을 붙잡고 한 행동은?(7:1)

①바람이 불게 함 ②나무에 있게 함

③바람을 없앰 ④**바람을 불지 못하게 함**

51. 다른 천사가 나타났는데 무엇을 갖고 있었나요?(7:2)

①예수님의 피 ②인봉된 두루마기 ③**하나님의 인** ④큰 칼

52. 이스라엘 자손의 지파 중에서 인침을 받은 자의 수는 얼마인가요?(7:4)

①12-열두 지파 ②**144,000** ③666 ④24

53. 보좌 앞과 어린 양 앞에 누가 선 것을 보았나요?(7:9)

①**큰 무리** ②각 나라 ③족속 ④백성

54. 흰 옷을 입고, 종려 가지를 든 사람들은 누구인가요?(7:9)

①천사들 ②24장로 ③족속 ④**큰 무리**

55. "흰 옷 입은 자들이 누구냐"고 누구에게 물었나요?(7:13)

①하나님 ②요한 ③**장로 중 하나** ④천사

56. 무엇에 옷을 씻어서 희게 되었다고 했나요?(7:14)

①십자가 ②**어린양의 피** ③요단강 ④성전

57. 목자가 되어 생명수 샘으로 인도하는 분은 누구인가요?(7:17)

①24장로 ②**어린양** ③천사 ④요한

58. 일곱째 인을 뗄 때 하늘에서 어떤 현상이 보여 졌나요?(8:1)

①땅으로 내려옴 ②환하여짐 ③**반시간쯤 고요** ④어두워짐

59. 반시쯤 고요하더니 일곱 천사가 하나님께 무엇을 받았나요?(8:2)

①**일곱 나팔** ②금향로 ③저울 ④큰 칼

60. 향연이 성도의 기도와 함께 누구의 손에서 하나님께로 갔나요?(8:4)

①요한 ②일꾼 ③24장로 ④**천사**

61. 음성, 번개, 우박, 지진은 천사가 제단 불을 어떻게 할 때 일어났나요?(8:5)

①**땅에 쏟을 때** ②하늘로 흩음

③바람에 내어놓음 ④입으로 불음

62. 피 섞인 우박과 불이 나온 것은 누가 나팔을 불 때였나요?(8:7)

①**첫째 천사** ②셋째 천사 ③다섯째 천사 ④일곱째 천사

63. 바다 삼분의 일이 피가 된 것은 누가 나팔을 불 때였나요?(8:8)

①첫째 천사 ②**둘째 천사** ③넷째 천사 ④일곱째 천사

64. 큰 별이 하늘에서 떨어진 것은 누가 나팔을 불 때였나요?(8:10)

①첫째 천사 ②**셋째 천사** ③다섯째 천사 ④일곱째 천사

65. 하늘에서 떨어진 별 이름은 무엇인가요?(8:11)

①독수리 ②**쓴 쑥** ③샘 ④침

66. 해,달,별 삼분의 일이 어두워 진 것은 누가 나팔을 불때였나요?(8:12)

①둘째 천사 ②셋째 천사 ③**넷째 천사** ④다섯째 천사

67. 다섯째 천사가 나팔을 불 때 땅에 떨어진 별이 받은 것은 무엇인가요?(9:1)

①천국의 열쇠 ②지옥의 권세

③**무저갱의 열쇠** ④음부의 권세

68. 땅에 있는 전갈의 권세와 같은 권세를 누가 받았나요?(9:3)

①마귀 ②**황충** ③옴 ④다섯째 천사

69. 인침을 받지 않은 이들은 얼마 동안 괴롭힘을 당했나요?(9:5)

①한 달 ②석 달 ③넉 달 ④**다섯 달**

70. "전쟁을 위하여 준비한 말들 같고"는 누구의 모양인가요?(9:7)

①마귀 ②**황충** ③옴 ④마귀

71. 헬라어로 아볼루온이라 불리는 것의 히브리어는 무엇인가요?(9:11)

①스올 ②아마겟돈 ③**아바돈** ④메시아

72. 누가 나팔을 불자, 금 제단 네 뿔에서 한 음성이 났나요?(9:13)

①둘째 천사 ②넷째 천사 ③일곱째 천사 ④**여섯째 천사**

73. 여섯째 나팔이 불 때 나타난 말의 입에서 나온 것이 아닌 것은?(9:17)

①연기 ②유황 ③불 ④**독**

74. 불, 연기, 유황으로 사람 얼마가 죽임을 당하였나요?(9:18)

①**삼분의 일** ②오분의 일

③삼십분의 일 ④삼분의 이

75. "그 머리 위에 무지개가 있고"는 누구에 대한 설명인가요?(10:1)

①일곱째 천사 ②요한 ③예수님 ④**힘 센 다른 천사**

76. 오른 발은 바다를 밟고 왼 발은 땅을 밟은 이는 누구인가요?(10:2)

①**힘 센 다른 천사** ②요한 ③예수님 ④24장로

77. 사자가 부르짖는 것 같이 큰 소리로 외친 이는 누구인가요?(10:3)

①넷째 천사 ②요한 ③예수님 ④**힘 센 다른 천사**

78. 일곱 우레가 말한 것을 인봉하라는 음성은 어디에서 들렸나요?(10:4)

①땅 ②보좌 ③먼 곳 ④**하늘**

79. 세세토록 살아 계신 이는 누구에 대한 설명인가요?(10:6)

①바울 ②요한 ③**예수님** ④힘 센 다른 천사

80. 하나님의 그 비밀이 이루어지리라"는 누가 나팔을 불 때 이루어지나?(10:7)

①힘 센 다른 천사 ②요한 ③바울 ④**일곱째 천사**

81. 누가 천사에게, 작은 두루마리를 달라고 하였나요?(10:9)

①바울 ②**요한** ③예수님 ④디모데

82. 요한은 천사의 손에 있는 두루마리를 어떻게 하였나요?(10:10)

①받아 읽음 ②**갖다 먹음** ③입에 써서 버림 ④받아 예언함

83. 하늘에서 들린 음성이 42달 동안 짓밟으리라고 한 곳은 어디인가?(11:2)

①예루살렘 ②이스라엘

③**거룩한 성** ④흩어져 있는 교회들

84. 두 증인은 권세를 갖고 베옷을 입고 얼마동안 예언하나요?(11:3)

①**1,260일** ②365일 ③41달 ④1,500일

85. "두 감람나무와 두 촛대니"는 누구를 가리키는 말인가요?(11:4)

①24장로 ②요한 ③천사들 ④**두 증인**

86. 그들이 증언을 마칠 때, 짐승이 어디로부터 올라오나요?(11:7)

①바다 ②컴컴한 곳 ③**무저갱** ④흑암

87. 사람들이 시체를 얼마 동안 보게 된다고 하였나요?(11:9)

①이틀 ②나흘 ③사흘 ④**사흘 반**

88. 큰 지진이 나서 성 십분의 일이 무너지고, 지진에 죽은 사람은?(11:13)

①이천 명 ②삼천 명

③**칠천 명** ④일만 명

89. "우리 주와 그의 그리스도의 나라가 되어"는 누가 한 말인가요?(11:15)

①성령 ②24장로 ③요한 ④**하늘 음성**

90. 하나님의 성전이 열리고 그 안에 무엇이 보였나요?(11:19)

①생명책 ②**언약궤** ③제단 ④천사들

91. "그 머리에는 열두 별의 관을 썼더라"는 누구에 대한 말인가요?(12:1)

①천사들　②**해를 옷 입은 여자**

③흰 옷을 입은 자　④요한

92. 여자가 해산을 하면 용은 무엇을 삼키려 했나요?(12:4)

①**아이**　②태　③여자　④별

93. 여자가 낳은 아들은 무엇으로 만국을 다스린다 했나요?(12:5)

①막대기　②**철장**　③지혜　④창

94. 하늘의 전쟁에서 미가엘과 그의 사자들이 싸우는 상대는 누구인가?(12:7)

①짐승　②**용**　③뱀　④아볼루온

95. "옛 뱀 곧 마귀라고도 하고 사탄이라"는 누구에 대한 말인가요?(12:9)

①여자　②독수리　③별　④**큰 용**

96. 밤낮으로 우리 형제들에게 무엇을 하던 자가 쫓겨났나요?(12:10)

①고소　②**참소**　③아첨　④침략

97. 남자를 낳은 여자를 박해한 것은 누구인가요?(12:13)

①마귀　②독수리　③별　④**용**

98. 그 입을 벌려 용의 입에서 토한 강물을 삼킨 것은 무엇인가요?(12:16)

①바다 ②뱀 ③**땅** ④하늘

99. 표범과 비슷, 발은 곰의 발, 입은 사자의 입 같은 것은 무엇인가요?(13:2)

①**짐승** ②붉은 용 ③마귀 ④타락한 천사

100. "신성 모독을 말하는 입을" 받은 것은 누구인가요?(13:5)

①타락한 천사 ②붉은 용 ③미혹의 영 ④**짐승**

101. 입을 벌려 하나님을 향하여 비방한 것은 누구인가요?(13:6)

①옛 뱀 ②**짐승** ③미혹의 영 ④독수리

102. 생명책에 이름이 없는 자들은 누구에게 경배하나요?(13:8)

①**짐승** ②붉은 용 ③마귀 ④타락한 천사

103. 어린 양 같이 두 뿔이 있고 용처럼 말을 하는 것은 누구인가요?(13:11)

①바다에서 나온 짐승 ②붉은 용

③마귀 ④**땅에서 나온 짐승**

104. 모든 자에게 오른손과 이마에 받게 한 것은 무엇인가요?(13:16)

①입맞춤 ②도장 ③**표** ④열쇠

105. "이 표를 가진 자 외에는" 무엇을 못하게 하였나요?(13:17)

①성전 출입 ②**매매** ③취직 ④결혼

106. 표를 받은 짐승의 수는 얼마인가요?(13:18)

①144,000 ②**666** ③777 ④12

107. 어린 양이 십사만 사천과 함께 서 있는 곳은 어디인가요?(14:1)

①**시온 산** ②느보 산 ③갈멜 산 ④갈보리 산

108. 속량함을 받은 144,000이 보좌 앞과 네 생물과 장로들 앞에서 한 것은?(14:3)

①무릎을 꿇음 ②**새 노래를 부름**

③어린 양을 경배 ④춤을 춤

109. 공중에 날아가는데, "영원한 복음을 가졌더라"는 누구를 말하나요?(14:6)

①요한 ②독수리 ③**다른 천사** ④어린 양

110. "하나님의 진노의 포도주를 마시리니"는 누가 한 말인가요?(14:9-10)

①**다른 셋째 천사** ②독수리 ③24장로 ④요한

111. "하나님의 계명과 예수에 대한 믿음을 지킴"은 무엇을 말하나요?(14:12)

①경건 ②**인내** ③순결 ④사랑

112. 머리에 금 면류관이 있는 인자와 같은 이는 어디에 앉으셨나?(14:14)

①성전 ②하늘 ③**흰 구름** ④보좌

113. 구름 위에 앉으신 이가 낫을 땅에 휘두르매 어떻게 되었나요?(14:16)

①죽음 ②**곡식이 거두어짐**

③무저갱으로 던져짐 ④심판을 받음

114. 성 밖 포도주 틀에서 난 피는 어디까지 닿았나요?(14:20)

①제단 ②낫 ③땅 ④**말 굴레**

115. "일곱 천사가 일곱 재앙을 가졌으니"는 무엇인가요?(15:1)

①첫째 재앙 ②첫째 화 ③**마지막 재앙** ④마지막 화

116. 이기고 벗어난 자들이 하나님의 거문고를 갖고 간 곳은?(15:2)

①진노의 불 ②**유리 바닷 가** ③불타는 곳 ④해변가

117. 주 하나님께서 하시는 일은 어떠하다고 노래했나요?(15:3)

①**크고 놀랍다** ②끔찍스럽다 ③무섭다 ④두렵다

118. 만국이 와서 누구에게 경배한다고 노래했나요?(15:4)

①천사에게 ②24장로에게 ③요한에게 ④**주께**

119. 요한이 보니, 하늘에 증거 장막의 무엇이 열렸나요?(15:5)

①진주 문　②**성전**　③하늘　④문

120. "빛난 세마포 옷을" 입은 자들은 누구인가요?(15:6)

①**일곱 천사**　②요한　③24장로　④마귀

121. 하나님의 진노는 어디에 가득히 담겼나요?(15:7)

①일곱 천사　②유리 바다　③**금 대접**　④질그릇

122. 하나님의 영광과 능력으로 성전은 어떻게 되었나요?(5:8)

①**연기가 가득**　②불에 탐　③보이지 않음　④홍수가 남

123. 어디에서 큰 음성이 나서 일곱 천사에게 말을 했나요?(16:1)

①연기　②**성전**　③하늘　④바다

124. 악하고 독한 종기는 나는 재앙은 몇 번째 대접인가요?(16:2)

①**첫 번째 대접**　②두 번째 대접

③다섯 번째 대접　④여섯 번째 대접

125. 강과 물 근원이 피가 되는 재앙은 몇 번째 대접인가요?(16:4)

①둘째 대접　②**셋째 대접**　③넷째 대접　④여섯째 대접

126. “전에도 계셨고 지금도 계신 거룩하신 이”는 누구인가요?(16:5)

①천사 ②24장로 ③요한 ④**하나님**

127. 해가 권세를 주어 불로 사람들을 태우게 한 천사는 누구인가요?(16:8)

①첫째 천사 ②마귀 ③**넷째 천사** ④붉은 용

128. 다섯째 천사는 대접을 어디에 쏟았나요?(16:10)

①**짐승의 왕좌** ②구름 ③유리 바다 ④보좌

129. 큰 강 유브라데 강물이 마르는 재앙은 몇 번째 대접인가요?(16:12)

①셋째 대접 ②넷째 대접

③첫째 대접 ④**여섯째 대접**

130. 어떤 입에서 개구리같이 생긴 더러운 세 영이 나오지 않았나요? (16:13)

①용 ②짐승 ③거짓 선지자 ④**뱀**

131. 히브리어로 아마겟돈이라 하는 곳으로 왕들을 모은 자들은?(16:16)

①짐승들 ②**세 영들** ③용들 ④왕들

132. 일곱째 천사가 진노의 대접을 어디에 쏟았나요?(16:17)

①**공중에** ②바다에 ③물샘에 ④산에

133. 큰 성이 세 갈래로 갈라지자 무너진 것은 무엇인가요?(16:19)

①예루살렘 ②하늘의 도성

③**만국의 성들** ④성전

134. 큰 우박이 하늘로부터 내렸는데, 우박의 무게는 얼마인가요?(16:21)

①**한 달란트** ②한 드라크마 ③한 세겔 ④한 에바

135. 천사는 큰 음녀가 받을 심판을 누구에게 보여주었나요?(17:1)

①미가엘 ②24장로 ③성도들 ④**요한**

136. 성령이 요한을 데리고 광야로 가서 보여준 사람은 누구인가요?(17:3)

①**음녀(여자)** ②대접 ③짐승 ④마귀

137. 자주 빛과 붉은 빛 옷을 입고 있던 사람은 누구인가요?(17:4)

①**음녀** ②대접 ③짐승 ④마귀

138. 예수의 증인들의 피에 취한 음녀를 누가 보았나요?(17:6)

①미가엘 ②24장로 ③성도들 ④**요한**

139. 전에 있었다가 지금은 없으나 장차 나올 짐승은 어디서 올라오나요?(17:8)

①지옥 ②**무저갱** ③음부 ④낙원

140. 무엇이 여자가 앉은 일곱 산이고 일곱 왕인가요?(17:9)

①일곱 뿔 ②**일곱 머리**

③일곱 별 ④일곱 면류관

141. "전에 있었다가 지금 없어진 짐승은" 누구인가요?(17:11)

①다섯째 왕 ②둘째 왕 ③**여덟째 왕** ④일곱째 왕

142. 만유의 주시요 만왕의 왕은 누구인가요?(17:14)

①요한 ②여자 ③**어린양** ④미가엘

143. 그 여자는 땅의 왕들을 다스리는 무엇이라고 했나요?(17:18)

①성주 ②왕중의 왕 ③도시 ④**큰 성**

144. 천사가 하늘에서 내려왔는데, 그의 영광으로 환해진 것은?(18:1)

①**땅** ②바다 ③하늘 ④공중

145. 각종 더러운 영이 모이는 곳이 되었다고 한 곳은 어디인가요?(18:2)

①로마 ②애굽 ③**바벨론** ④에돔

146. 하나님은 그 도시에 불의한 일을 어떻게 하신다고 했나요?(18:5)

①**기억** ②진노 ③심판 ④멸망

147. "그만큼 고통과 애통함으로" 어떻게 하신다고 했나요?(18:7)

①시험함 ②애통하게 함 ③진노 ④**갚아줌**

148. 사망, 애통, 흉년의 재앙이 내려지는 기간은 얼마인가요?(18:8)

①반나절 ②사흘 ③**하루 동안** ④1개월

149. 큰 성, 견고한 성으로 화가 임할 곳은 어느 도시인가요?(18:10)

①애굽 ②**바벨론** ③앗수르 ④로마

150. 맛있는 것들과 빛난 것들이 어떻게 되었다고 했나요?(18:14)

①그대로 ②**없어짐**

③감추어짐 ④불에 녹음

151. 바벨론을 심판할 때 즐거워하지 않던 사람들은 누구인가요?(18:20)

①성도들 ②사도들 ③**땅의 상인들** ④선지자들

152. "이같이 비참하게 던져져 결코 다시 보이지" 않는 도시는?(18:21)

①로마 ②애굽 ③**바벨론** ④에돔

153. 선지자들, 성도들, 죽임을 당한 자들의 피가 발견된 곳은?(18:24)

①로마 ②애굽 ③**바벨론** ④ 유대

154. 구원과 영광과 능력이 누구에게 있다고 찬송하였나요?(19:1)

①**하나님** ②천사들 ③미가엘 ④하늘

155. 하나님은 자기 종들의 피를 어떻게 갚으셨나요?(19:2)

①마귀에게 ②붉은 용에게

③**음녀의 손에** ④타락한 천사에게

156. 성도들의 옳은 행실을 나타낸 것은 무엇인가요?(19:8)

①흰 옷 ②**세마포 옷** ③금 대접 ④가득한 향기

157. 어린 양의 혼인 잔치에 청함을 받은 자들은 어떠한가요?(19:9)

①즐거움 ②기쁨 ③생명을 받음 ④**복이 있음**

158. 요한은 하늘에서 백마를 탄 자를 보았는데 그의 이름은?(19:11)

①**충신과 진실** ②충성 ③신실 ④아멘

159. 피 뿌린 옷을 입었는데 그 이름을 무엇이라 했나요?(19:13)

①율법 ②하나님의 계명 ③**하나님의 말씀** ④사랑

160. 만왕의 왕이요 만주의 주라고 쓴 곳은 어디인가요?(19:16)

①가슴과 옷 ②**옷과 다리** ③이마와 팔 ④머리와 어깨

161. 산 채로 유황불 못에 던져져 멸망을 당하는 자들은 누구인가요?(19:20)

①**짐승과 거짓 선지자** ②용과 뱀 ③사단과 뱀 ④뱀과 짐승

162. 천사가 천년 동안 결박하여 무저갱에 가둔 것은 누구인가요?(20:2)

①짐승 ②독수리 ③**용** ④검은 말

163. 그리스도와 더불어 천년 동안 왕 노릇하게 된 자들은 누구인가요?(20:4)

①**표를 받지 않은 자** ②24장로 ③살아있는 자 ④요한

164. 첫째 부활에 참여한 자에게 둘째 사망이 할 수 없는 것은?(20:6)

①미혹하지 못함 ②쫓아내지 못함

③**다스리지 못함** ④죽이지 못함

165. 천 년이 차면 옥에서 누가 놓이게 된다고 하였나요?(20:7)

①**사탄** ②적그리스도 ③검은 말 ④짐승

166. 미혹하는 마귀는 어디로 던져진다고 하였나요?(20:10)

①무저갱 ②**불과 유황 못** ③음부의 구덩이 ④하데스

167. 각 사람은 자기의 무엇대로 심판을 받는다고 했나요?(20:13)

①죄를 지은대로 ②**행위** ③하나님의 예정 ④말에 의해서

168. 사망과 음부도 불못에 던져지는 둘째 사망은 무엇인가요?(20:14)

①멸망 ②게헨나 ③**불못** ④지옥

169. 어디에 기록되지 못한 사람들이 불못에 던져지나요?(20:15)

①두루마기 ②성소 ③언약궤 ④**생명책**

170. 하나님께로부터 하늘에서 내려온 거룩한 성은 어느 성인가요?(21:2)

①**새 예루살렘** ②새 바벨론 ③시온 성 ④ 가나안

171. "보라 내가 만물을 새롭게 하노라"는 말을 누가 했나요?(21:5)

①안내자 ②**보좌에 앉으신 이** ③요한 ④천사

172. 생명수 샘물을 누가 상속으로 받게 된다고 하였나요?(21:6-7)

①남은 자 ②표를 안 받은 자 ③**이기는 자** ④끝까지 지키는 자

173. 둘째 사망인 불과 유황의 타는 못에 던져 지지 않는 자는 누구인가?(21:8)

①음행하는 자들 ②우상 숭배자들

③거짓말 하는 자들 ④**끝까지 견디는 자들**

174. 이스라엘 열두 지파의 이름을 어디에 기록했다고 했나요?(21:12)

①**성곽의 열두 문** ②성곽의 담 ③성곽의 지붕 ④성곽의 입구

175. 열두 사도의 이름이 쓰여 진 열두 기초석은 어디에 있나요?(21:14)

①성벽 ②성문 ③성의 지붕 ④**성곽**

176. 성곽을 측량하니까 얼마나 된다고 하였나요?(21:17)

①**144 규빗** ② 1,200 규빗 ③666 규빗 ④240 규빗

177. 열두 문에는 각 문마다 무엇으로 되어 있나요?(21:21)

①보석 ②**진주** ③구리 ④황금

178. 거룩한 성에는 밤이 없어서 성문을 어떻게 하였나요?(21:25)

①문이 없음 ②문을 밀면 열림

③**닫지 않음** ④반 정도로 열어둠

179. 하나님과 어린양의 보좌로부터 나와서 흐른 강의 이름은?(22:1)

①**생명수의 강** ②새 강 ③보좌의 강 ④요단강

180. 생명나무는 어디에 있어 열두 가지 열매를 맺혔나요?(22:2)

①성곽 앞 ②**강 좌우** ③동산 ④보좌 앞

181. 주 하나님이 그들에게 비취시기 때문에 다시는 없는 것은?(22:5)

①낮 ②저녁 ③**밤** ④아침

182. 두루마리의 예언과 관련해서 어떻게 해야 복이 있는 사람이 되나요?(22:7)

①읽는 자　　②믿는 자

③전하는 자　　④**지키는 자**

183. 각 사람에게 그가 행한 대로 무엇을 갚아 주신다는 했나요?(22:12)

①은혜　②**상**　③보상　④삯

184. "나는 다윗의 뿌리요 자손, 새벽별이라"는 누구인가요?(22:16)

①아브라함　②유다　③**예수님**　④솔로몬

185. 원하는 자는 값없이 무엇을 받으라 하였나요?(22:17)

①말씀　②떡　③하늘 양식　④**생명수**

186. "내가 진실로 속히 오리라"는 누가 한 말인가요?(22:20)

①**예수님**　②요한　③24장로　④다윗